www.ingramcontent.com/pod-product-compliance
Lightning Source LLC
Chambersburg PA
CBHW080459030726
47592CB00011B/3176

عشرون رسماً

عشـرون رسـماً

ترجمة وتحقيق: **زاهي رستم**

عدد الصفحات: 90

الطبعة الأولى: 2025

الناشر: الخيّاط

الحقوق محفوظـة للناشر والمؤلف

لا يجـوز إعـادة إنتـاج أي جـزء مـن هـذا الكتـاب أو تخزينـه أو نقلـه أو نسـخه بـأي وسـيلة أو شـكل، سـواء كان ذلـك بالتصويـر أو التسـجيل المـرئي أو الصـوتي أو بـأي وسـائط أو طـرق إلكترونيـة أو ميكانيكيـة أو غيرها، دون الحصـول على إذن كتـابي مسـبق مـن الناشـر، ويُسـتثنى مـن ذلك الاقتبـاس لأغـراض المراجعـة أو البحث أو الدراسـة وفـق مـا تسـمح بـه القوانين ذات الصلة.

إخلاء مسـؤولية: إن جميـع الآراء والأفكار والتحليلات والمضامين الواردة في هـذا العمل تعبّر عن وجهة نظر المؤلـف حصـراً، ولا تعبّـر بالضرورة عـن موقف دار خيّاط للنشـر أو تبنّيها لأي منها. فـي الأعمال الروائية والخياليـة، فـإن جميـع الشـخصيات والأحداث إما من وحي الخيـال أو جرى توظيفها لأغـراض أدبية بحتة، وأي تشـابه مـع أشـخاص أو وقائـع حقيقية هو مـن قبيل المصادفـة البحتة. وفي الأعمـال البحثية أو غيـر الخيالية، تبذل الدار والمؤلف جهدهما للتأكد من دقة المعلومات عند النشـر، إلا أن الدار لا تقدّم أي ضمانات صريحة أو ضمنية بشـأن اكتمال هذه المعلومات أو خلوّها من الأخطاء، ولا تتحمل أي مسؤولية عن أي ضرر أو خسارة قـد تنشـأ عـن اسـتخدام القارئ للمحتوى خارج سـياقه المقصود. تحتفظ دار خيّاط للنشـر بحقها في رفض أو سـحب أي إصـدار يتبيّـن لاحقـاً مخالفتـه للقوانين أو انتهاكـه لحقوق الغير، دون أن يعد ذلـك تبنّياً أو مصادقة علـى الأفكار أو المواقف الواردة فيه.

Twenty Drawings
Artist: Kahlil Gibran
Commentator: Alice Raphael

Twenty Drawings
By Kahlil Gibran
With An Introductory Essay By Alice Raphael
New York
Alfred A. Knopf
Mcmxix
Copyright, 1919, By
Alfred A. Knopf, Inc.

ISBN: 978-1-96142-047-2

First published in 2025

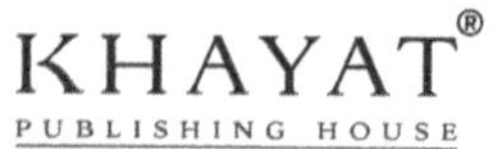

Washington, DC
United States
+17712221001
info@khayatpublishing.com
www.khayapublishing.com

جبران خليل جبران

عشرون رسماً

تعليق | ترجمة وتحقيق
أليس رافائيل | زاهي رستم

الإهداء

إلى محبي جبران والمعجبين بفكره ونصوصه وفلسفته وشعره، هذه النسخة مهداة لكم لتتعرفوا على جانب آخر من إبداعاته التي لم تحظ بحقها من المعرفة. جبران الفنان الذي رسم أفكاره بالخطوط كما رسمها بالكلمات، وفي كلتا الحالتين أبدع...

زاهي رستم

❧ المحتوى ❧

<h1 style="text-align:center">❦ مقدمة المترجم ❦</h1>

خلال رحلتي في البحث المستمر عن أعمال ومنشورات أدباء المهجر، ولا سيَّما المفقود والنادر منها، وجدت العديد من النثرات هنا وهناك، ومنها كتاب "عشرون رسماً" باللغة الإنكليزية (قبل أن أجد غايتي، وهو كتاب آخر ما أزال أعمل عليه). لكنني لم أجد هذا الكتاب في الأعمال الكاملة المعربة لجبران، فرغم مرور سنوات عديدة تجاوزت نصف قرن من الزمان على صدور أعمال جبران الكاملة، العربية والمعربة، يبدو أنه ما تزال هناك بعض أعماله التي لم ينتبه إليها أحد، أو لم يتم إضافتها لأعماله الكاملة لسبب ما. ربما لأن المهتمين وأصحاب الشأن لم يكن لديهم أدوات البحث المتوفرة في يومنا هذا؛ أو ربما لأن بعض أعماله تتعلق بلوحات جبران الفنان وليس بنصوص جبران الأديب أو الفيلسوف أو الشاعر؛ أو لأن بعضها لم يكن إصداراً تجارياً بالمعنى التقليدي، بل كتاباً فنياً محدود الطباعة. مثل الكتاب الذي بين يدينا الآن، الذي صدر على الأغلب بالتزامن مع أحد معارض جبران في نيويورك؛ وكانت الرسومات الموجودة فيه ذات دقة منخفضة، وذلك لعدم وجود تقنيات طباعة متقدمة في ذلك الوقت. وهو الكتاب الوحيد الذي صدر لجبران من دون نصوص.

كما لاحظنا أن معظم إصدارات أعماله الكاملة باللغة العربية تخلو من رسومه التي زين بها بعض كتبه، لا سيَّما التي صدرت بالإنكليزية؛ فاهتموا بالنصوص، وأهملوا الرسوم. ويعزز قولنا هذا ما أوردته الكاتبة الباحثة ريما نجم في كتابها "جبران خليل جبران- أجراس الثورة وأعراس الحرية"، عندما قالت: "لا تقل أهمية جبران في فن التشكيل والتصوير عنهما في الأدب، لكن ثمة تجاهلاً أو تغاضياً، ربما كانا متعمدين، همشا سطوته الفنية وانتحيا بها جانباً".

ما دفعني لترجمة هذا الكتاب، هو إنصاف جبران الفنان أو (المصور كما كان يطلق على الرسام في ذلك الوقت) عربياً، مثلما أنصفته المنشورات الإنكليزية في أميركا، ومثلما أجلته المنشورات العربية من الناحية الأدبية. وإتمام أعماله لتصبح كما وُصفت كاملة في المكتبة العربية، وليستفيد منه الدارسون والباحثون وكذلك القراء المهتمون. ولتسليط الضوء على موهبة جبران الفنية كرسام، وعلى تأثيره في الفن الأميركي.

يمكنكم قراءة الكتاب واستعراضه مباشرة في القسم الثاني، والذي يتألف من جزأين، الأول نصي وهو مقال لأليس رافائيل عن فن جبران، والثاني رسومات جبران العشرون. لكنني أضفت قسماً أولاً بعنوان "قبل قراءة الكتاب"، يحوي الكثير من المعلومات المفيدة التي تساعد في فهم جبران كفنان ومصور، ومعلومات عن الكتاب، وكذلك مقالاً يصف أحد معارضه، لم يسبق تداوله أو الإشارة إليه من قبل. لذلك أنصحكم بقراءة هذا القسم، أو بالاطلاع عليه لتعظيم الفائدة. كما أنني زودت الكتاب بالحواشي المناسبة للمساعدة في تفسير المعلومات الواردة فيه، لا سيّما أن الكتاب الأصلي خالٍ من أية حاشية.

وفي النهاية، أرجو لكم كل المتعة والفائدة في قراءة هذا الكتاب.

زاهي رستم

27/ 7/ 2025م

في هذا القسـم الذي أضفته إلى الكتاب الأصلي، سـوف نستعرض بعض الأمور التي تسـاهم في التعرف على جبران الفنان وتوضح بعض المعلومات عن الكتاب مما يسـاعد بفهم أعمق لمن يقرأه ويشاهد رسومه.

عن الكتاب

في البدايـة، وجدنا أكثر من مرجع (أجنبي وعربي) يشير إلى الكتاب[1]، وكان من أهم المراجع التي ذكرتـه، هـو "قاموس جبران خليل جبران"، فقد أورد المرجع تحت عنوان "عشرون رسـماً" ما يلي:

عام 1919م، أصدر جبران لدى منشـورات كنوبف مجموعة سـمّاها عشـرون رسـماً (Twenty Drawings). تضم تسـع عشـرة مائية ورسـماً زيتيـاً [واحداً]، أُرفقت بنص للناقدة أليس رافاييل [رافائيـل] أكسـتاين Alice Rafael Eckstein، مقدّمـةً للمجموعة: "يقع نتاج جبران على العتبة بين الشـرق والغرب وبين الرمزية والمثالية. وهو يكوّن نوعاً جديداً في مفهومنا لفن الرسـم".

ومـن هنـا بـدأ بحثنا عن الكتاب، والعمل على ترجمته. محافظين على العنـوان الذي ترجم له الكتاب في المرجع السابق، وهو "عشرون رسماً" على أن نوضح الفرق بين الرسمة واللوحة بشكل بسـيط، لأنه سبب آخر لاختيارنا الحفاظ على هذا العنوان.

العديد من الناس مرتبكون بشأن الفرق بين الرسمة واللوحة، وهناك صعوبة في التمييز بينهما. ولكـن هنـاك معايير معينة يمكن اسـتخدامها للمسـاعدة على فهم الاختلافات بشـكل أفضل. الفرق الرئيـس بين الرسـمة واللوحة هو في الوسـيط الذي تسـتخدمانه. قد يكون هذا مختلفـاً، لكنه التمييز الأكثـر شـيوعاً بين الاثنين. فكلتاهما شـكل من أشـكال التعبيـر البصـري، وكلتاهما يمكن اعتبارهما

---

1. ورد ذكر الكتاب بعنوان "اللوحـات العشـرون" في مقال لعدنان الذهبي بعنوان "جبران خليل جبران ورسمه الرمزي"، في مجلة الأديب، العدد الأول بتاريخ 1 كانون الثاني/ يناير 1951م. وبالنسبة للنسخة الإنكليزية من الكتاب، فهناك العديد من المصادر والمواقع على شبكة الإنترنت أقرت بوجوده، مثل موقع لجنة جبران الوطنية، وموقع غوتنبرغ، وغيرها.

شكلين فنيين، لكن الاختلاف الرئيس هو أن الرسمة (أو الرسم) تُعرَّف بأنها عملية تتم بقلم الرصاص أو قلم الحبر، بينما اللوحة تتم بالفرشاة وبالألوان.

ونحن نعمل على الكتاب جمعنا معلومات شحيحة عنه، آثرنا إضافة المفيد منها. بدايةً، لم يكن الكتاب كتاباً منفصلاً، بل كان على الأغلب جزءاً من معرض فني لأعمال جبران الذي صاحب بعض كتاباته. والكتاب ليس من النوع النصي بل هو مجموعة نادرة من أعماله الفنية، والتي تعكس جانباً آخر من عبقريته إلى جانب كتاباته الأدبية. ونشرت النسخة الأولى منه عام 1919م في نيويورك، أي قبل كتاب "النبي"، وقبل شهرة جبران الأدبية.

لكننا لم نجد في المصادر التي اطلعنا عليها المعلومات الكافية عن مكان وتاريخ وأحداث المعرض[2]، رغم أن بعض المصادر الشحيحة أشارت أن المعرض لم يكن مجرد عرض للوحات، بل كان حدثاً ثقافياً متكاملاً، حيث جمع بين الرسم: عرض 20 لوحة أصلية، بعضها بأحجام كبيرة؛ والشعر: قراءات من نصوص جبران، خاصة من كتاب "المجنون"[3] الذي صدر عام 1918م؛ والموسيقا: عزف موسيقي مرافق مستوحى من لوحاته.

وقد جاء المعرض في ذروة الحركة التعبيرية في نيويورك، حيث كان جبران واحداً من أوائل الفنانين الشرقيين الذين يقدمون فناً يزاوج بين التصوف الشرقي والحداثة الغربية. وكان الهدف منه على الأغلب تمويل مشاريع جبران الأدبية، حيث كان جبران يعتمد على بيع لوحاته لدعم نفسه[4] قبل أن يصبح "النبي" عملاً عالمياً (1923م).

وكان المعرض نقطة تحول في حياة جبران الفنية، كشف فيه عن وجهه كفنان تشكيلي قبل أن يُختزل لاحقاً في صورة كاتب النبي. وأظهرت رسوم المعرض (التي يحويها الكتاب الذي بين يديك) أسلوب جبران الفني المميز، الذي جمع بين الرمزية والصوفية، مع تأثيرات من المدرسة

---

2.   أحد المصادر، وهو بعنوان "جبران خليل جبران: حياته وعالمه" بقلم جين وكاهيل جبران، أشار إلى المعرض، لكنه لم يذكر أين أقيم بشكلٍ صريح. ومصادر أخرى أشارت إلى أنه أقيم في "غاليري مونترس، "Montross Callery أو في صالات صغيرة في بوسطن ونيويورك. وهناك رسائل جبران إلى ماري هاسكل (المحفوظة في جامعة نورث كارولينا) تذكر تحضيرات المعرض في آذار- نيسان/ مارس- أبريل 1919م. كما أننا رصدنا إعلاناً في جريدة "نيويورك تايمز" يذكر معرضاً لجبران، لكن دون عنوان الصالة.
وهناك من قال أن المعرض حدث عام 1917م في غاليري كنودلر، من 29 كانون الثاني وحتى 10 شباط. وأنه لاحقاً تم أصدار أعمال هذا المعرض في كتاب "عشرون رسماً" عام 1919م، نظراً للإقبال اللافت على المعرض، أي بعد عامين من تاريخه. ولكن عدد اللوحات المعروضة كان أربعون مائية، وليس عشرون.

3.   المجنون: نشره ألفريد كنوبيف، وهو يتألف من أربعة وثلاثين مثلاً وقصيدة باللغة الإنكليزية. بعض نصوصه كتبت أصلاً بالعربية، ثم ترجمها جبران إلى الإنكليزية بمساعدة هاسكل، فكان كتابه الأول باللغة الإنكليزية.

4.   ذكرت بعض المصادر أنه باع فقط 5 لوحات بمبلغ 50 دولاراً (ما يعادل 800 -900 دولار في يومنا هذا)، بينما مصادر أخرى ذكرت أن ما باعه هو 10 لوحات بنفس السعر. وأنه رفض بيع باقي اللوحات لأن المشترين لن يفهموا أفكاره فيها. وفيما بعد فقدت 5 لوحات من لوحاته المنشورة في هذا الكتاب بعد وفاة جبران، ولم تُعرض إلا في معارض متفرقة.

الرومانسية والإنطباعية. لكن ربما كشف المعرض لجبران أيضاً أن جمهوره يتفاعل أكثر مع نصوصه، مما دفعه لاحقاً إلى التركيز على النصوص.

ومـن بعـض ردود الفعـل والنقد على بعـض معارض جبـران القريبة زمنياً من تاريخ المعرض المفترض حسب المصادر الضعيفة والقليلة، نستعرض التالي:

ذكرت صحيفـة The New York Times في تقريـر لهـا عـن المعرض: "أشـاد النقـاد بجرأة الخطوط وروحانيتها، ووصفوا أعمال جبران بأنها شعر مرئي. ولاحظوا التأثير الواضح لوليم بليك[5] في استخدام الرمزية الدينية والجسـد البشري كوسيلة للتعبير الفلسفي".

ورد في مجلة أخرى: "أشـاد النقاد بالقدرة على اختزال المشـاعر الإنسانية في خطوط بسيطة، ووصفوا أعماله بأنها أقرب إلى الصلاة المرئية".

ذكرت مجلة Art News: "بعض النقاد اعتبروا الرسومات سريالية أكثر من اللزوم (قبل ظهور الحركة السريالية رسمياً)، وانتقدوا عدم التزامه بقواعد التشريح الغربي".

ونشرت مجلة "الفنـون السبعة" مقـالاً نقدياً كاملاً عـن جبـران والمعرض بعنـوان " فن خليل جبران"، والذي سنتحدث عنه بإسهاب لاحقاً.

بعـض زوار المعرض اعتبروا الرسومات غامضة جـداً أو غير مكتملة تقنياً، خاصة أنها كانت تختلف عن الواقعية السـائدة في ذلك الوقت.

تكمن أهمية الكتاب، في أنه يُعد أول اتصال عام للجمهور الأميركي بفن جبران بعد "المجنون" وقبل "السابق"، وهو لم يكن سـوى لمحة من عالم إبداع كان جبران يتلمسـه. وأنه يُعتبر شهادة على تعدد مواهب جبران (شـاعر، وفيلسوف، ورسـام)، وأن التعليق المرفق مع الكتاب يُعد أول تحليـل نقـدي معروف لرسومات جبران باللغـة الإنكليزية. وزادت أهمية الكتاب بعد نشر كتاب "النبي" الذي شهر جبران عالمياً. فطبع بإصدارات كثيرة تجاوزت 20 إصداراً مختلفاً من دور نشر

<hr>

5.   ——— وليم بليك، William Blake: (1757- 1827م)، شاعر ورسام ونحات بريطاني. كان له أثراً عظيماً في أعمال جبران، وكان مثله الأعلى في الحياة، فقد بُهر بتنوع مصادر هذا الرومنطيقي الإنكليزي وأعجب بثراء رموزه، التي تركت بصمات بارزة في مفرداته الشعرية والبصرية. وكثيراً ما كان يأتي في رسائله على ذكره. ففي 6 تشرين الأول/ أكتوبر 1915م، كتب جبران إلى ماري هاسكل: "بليك هو الرجل، هو الإنسان- الإله. إنه في رأيي أعظم إنكليزي منذ شكسبير، ورسومه أعمق بما لا يقاس من أية رسوم انتجها الفن الإنكليزي حتى الآن ورؤياه -بصرف النظر عن قصائده ورسومه، هي أكثر الرؤى ألوهية، لكن لن يتسنى لأي امرئ أن يتفهم بليك عن طريق العقل. عالمه لا يمكن أن تراه إلا عين العين، ولا يمكن أبداً أن تراه العين ذاتها". ومما ذكره ميخائيل نعيمة عن شعور جبران بعد قراءته لبليك للمرة الأولى، من رسالة كتبها جبران إلى ماري هاسكل بتاريخ 6 تشرين الأول/ أكتوبر1915م (يبدو أنها نفس الرسالة السابقة): "كنت أظنني غريباً في الأرض، واليوم جاءني بلايك [بليك] ليؤنس غربتي. كنت أظنني تائهاً وها بلايك [بليك] يسير أمامي. ترى ما هي القرابة التي تجمعنا؟ ألعل روحه عادت إلى الأرض وارتدت جسدي ثوباً؟ ما كان أجمل حياته وأهنأها!...". وقد وُصف جبران يوماً بأنه: "بليك القرن العشرين". ولا نغفل هنا أن جبران كان يؤمن بالتقمص.

متنوعـة. وبعـض الإصدارات أُضيف إليها كتاب "النبي" زيادة عمـا ورد في الكتاب الأصلي. وبعض النسـخ أضافـت مقدمة قصيـرة عن حياة جبران. وبعضهـا حذف مقال رافائيل أو اسـتبدله بتحليل جديد[6]. ومعظم الإصدارات كانت ذات جودة طباعية أقل من الإصدارة الأصلية بسبب محدودية الأمـور التقنيـة، ما عدا إصـدارة White Cloud Press عام 1991م (أريغـون، الولايات المتحدة)، حيـث أعـادت إنتاج الرسـومات بتقنيات عاليـة الجودة. هذا وما تزال الإصدارة الأولى نادرة جداً، وتُبـاع أحيانـاً في المزادات بمئات الآلاف من الدولارات.

———— 6. آثرنا نحن إبقاء مقال رافائيل، وإضافة قسم يتحدث عن جبران الفنان، ومعلومات عن الكتاب وما يتعلق به.

❧ جبران الفنان ❧

أهملـت جُلُّ الكتب العربية السـابقة جبران الفنان، بسـبب طغيان شـهرته كفيلسوف وأديب وشـاعر على شهرته كفنان تشكيلي. فلم تسلط الأضواء على ذلك الوجه المظلل من إبداعه.

في طفولته، تعرّف جبران إلى فن الرسم بفضل أمه[7] التي أهدت إليه كتاباً عن الرسام ليوناردو دافنشـي[8]. حيـث روى ميخائيل نعيمـة[9] القصة، بأن جبران الصغير كان يسـتخدم قطع الفحم في رسـم تصاويره الأولى على الجدران. وكانت أمه، لما أحسـت بانجذابه إلى الفنون، قدمت له ألبوماً يضم أعمالاً للفنان الإيطالي ليوناردو دافنشي، الذي أعجب به كثيراً.

وقد كتب فيمـا بعد يقول: "... كنت طفلاً عندما رأيت لأول مرة رسوم هذا الرجل العجيب. لـن أنسى قط هـذه اللحظات ما حييت...". وقد كان في السادسـة من عمره حين أهدته أمه هذا الكتاب، ويقال أنه بعد أن قلّب منه بضع صفحات، انفجر بنوبة من البكاء وخرج راكضاً من الغرفة كـي يبتعد وحيداً. ومن شـغفه بالكتاب وصاحبـه، أنه صاح ذات مرة في وجه أبيه الذي يوبخه على ذنب اقترفه، قائلاً: "وما شـأنك بي؟ أنا إيطالي".

لم تكن قصائد جبران الأولى من الكلمات، بل كانت تماثيلاً من الثلج ومحفورات من حجارة، تزين

——— 7. كاملة رحمة: (1858- 1903م)، والدة جبران، ابنة الخوري الماروني اسطفان رحمة بن عبد القادر رحمة. اصطحبت أولادها الأربعة وهاجرت من بشرّي إلى بوسطن.

8. ليوناردو دافنشي، Leonardo da Vinci: (1452- 1519م)، رسام ونحات ومخترع ومهندس وعالم إيطالي. من أشهر لوحاته "الموناليزا" و"العشاء الأخير".

ويذكر أن كاملة رحمة والدة جبران مارست على ابنها تأثيراً بالغاً. فهي من عرفته على الفن عندما أهدت إليه كتاباً عن ليوناردو دافنشي وشجعته على الرسم والكتابة -كما ذكرنا أعلاه- برغم من تحفظات خليل زوجها الذي كانت لديه مشاريع أخرى لابنه. وقد وصف جبران ليوناردو بأنه أبدع شخصية في العالم. وقارن بينه وبين مايكل أنجلو فقال: "إنه بينما صوّر هذا الإنسان الأعلى جسماً مذكراً، فإن ليوناردو صوّر العقل وصوره لا تتعلق بعصر ما، وليس فيها مذكر ومؤنث".

9. ميخائيل نعيمة، Mikhail Naimy: (1889- 1988م)، أديب ومفكر وشاعر وقاص ومسرحي وناقد وفيلسوف لبناني. التقى جبران عام 1916م في نيويورك في مكاتب مجلة "الفنون"، وأصبحا صديقين. وكان معه عند تأسيس الرابطة القلمية. وهو من رافق جثمان صديقه جبران من نيويورك إلى بوسطن. وكتب عنه كتاباً بعنوان "جبران خليل جبران- حياته، موته، أدبه، فنه" عام 1934م.

حديقة منزله شتاء، جعلت الجيران يرددون كلما مروا بها: "أنظروا ماذا صنعت يدا جبران الصغير".

وحين كان على مقاعد الدراسة، كان غالباً ما يرسم أثناء حصص الدرس.

ولدى وصوله إلى بوسطن (10) اكتشفت المرشدة الاجتماعية "جيسي فريمونت بيل"(11) مواهبه الفنية فأوصت به(12) "فريد هولاند داي"(13) الذي أطلعه على التيارات التصويرية الكبرى وتحديداً الرمزية. وقد خضع جبران لتأثير معلمه وهو ما ظهر بوضوح في أوجه التطابق بين صور المعلم وأعمال تلميذه.

في البداية تعلم جبران الرسم بنفسه، وبعدها درس في باريس مدة وجيزة، وتردد إلى "أكاديمية جوليان"(14) وإلى محترف "مارسيل- بيرنو"(15). وقد وصف أحدهم طريقة تعلمه: "لم يتابع جبران برنامجاً تعليمياً منهجياً أو أكاديمياً ولم يحصل قط على أية شهادة في هذا المجال...

---

10. بدأ جبران تجاربه في الرسم بشكل جاد عندما كان في الخامسة عشرة من عمره، أي عام 1898م، في بوسطن، وقد تركزت رسومه على موضوعات الحب والشاعرية السحرية. فرسم عدداً من الأوتوبورتريهات والبورتريهات التي عمل على تصويرها تصويراً واقعياً كلاسيكياً.

11. جيسي فريمونت بيل، Jessie Fremont Beale: مرشدة اجتماعية في بوسطن. أوكلت إليها مهمة إنشاء مكتبات في الأحياء المعدمة. اتصلت بها فلورانس بيرس، معلمة جبران بالرسم في دونيسون هاوس. وقد استوقفتها موهبة جبران فكتبت إلى صديقها المصور والناشر فريد هولاند داي في 25 تشرين الثاني/ نوفمبر 1896م موعزة إليه أن يأخذ هذا الفتى الواعد على عاتقه: "الحقيقة أن اهتمامي بالفتى كبير ولما كنت عاجزة عن مساعدته، وجدت نفسي، في آخر المطاف، مرغمة على البحث عمن يقدر على مساعدته فعلاً".

12. كتبت له: "... كان قد انتسب الشتاء الماضي إلى شعبة الرسم في "كوليج ستلمنت"، وبرهن عن موهبة... يحتاج إلى مساعدة ليكمل تعلمه في ميدان الفنون...".

13. فريد هولاند داي، Fred Holland Day: (1864- 1933م)، مصور فوتوغرافي أميركي ومحرر وناشر ومولع بالكتب. ولد في ولاية ماساشوستس، وأقام في بوسطن. تميزت أعماله الفوتوغرافية بالجرأة وبمزيج من الميول الرمزية والصوفية. في كانون الأول/ ديسمبر 1896م كان يبحث عن موديلات شرقية لصوره، ووافق على استقبال جبران، بناء على توصية من صديقته جيسي فريمونت بيل ودعاه إلى ملاقاته في الأستوديو الخاص به في 9 بنكي ستريت، وعرض عليه أن يكون موديلاً في زي عربي أو مشرقي أو هندي: "الشيخ الفتي"، "خليل"، "الفتى السوري". ويُعد من أفضل مصوري زمانه، وقد احتفظت مكتبة الكونغرس في واشنطن وجمعية "الرويال فوتوغرافيك" بقسم كبير من أعماله الفوتوغرافية. ويذكر أن أول معرض لجبران أقيم في محترف داي بمبنى هاركوت، شارع إرفنغتون -بوسطن، من 30 نيسان إلى 10 أيارعام 1904م.

14. أكاديمية جوليان، Académie Julian: أكبر أكاديميات باريس الخاصة. أسسها رودولف جوليان عام 1868م. وكانت تُعد بديلاً عن معهد الفنون الجميلة الذي كان يتطلب شروطاً أكثر صرامة. ولم يوافق جوها مزاج جبران فتركها.

15. بيير مارسيل- بيرنو، Pierre Marcel- Béronneau: (1869- 1937م)، فنان فرنسي وأحد الرسامين الزهديين، وتلميذ غوستاف مورو. وكان أستاذ جبران الجديد في باريس. قال عنه جبران أنه فنان عظيم ورسام رائع ذو ميول زهدية. ويضيف جبران أنه قصده ذات يوم حاملاً معه عملين أو ثلاثة من أعماله البسيطة ليطلعه عليها، فعاينها مدققاً فيها بعض الوقت، وبعد عبارات التشجيع تحدث مطولاً بصفة شخصية وقال له: "دع الزمن يأخذ مجراه، لا تحاول أن تصوغ تعبيراً لخواطرك وأفكارك الآن. انتظر ريثما تطلع على قاموس الرسم كاملاً...". غير أن هذه الكلمات لم تلق أذناً مصغية، فلقد كان جبران نهماً متلهفاً للمعرفة والخلق، راغباً في إحراق المراحل، لا يكاد يطيق الانتظار. لذلك رأى أنه أخذ عن أستاذه كل ما في وسع هذا الأخير أن يعطيه، وقرر التخلي عن متابعة دروسه. وهو معروف في الوسط الفني بوصفه "رسام سالومه".

مثـل عصفور، كان ينقد متى شـاء وحيثما شـاء لكي يرتقي إلى ذرى عالمـه الروحي المرتجى". وقد حـدد جبران رؤيته للفن بقوله: "البعـض يعتقد أن الفن محاكاة الطبيعة، ولكـن الحـال أن الطبيعة هـي مـن الروعة بحيث تستحيل محاكاتها. ومهما بلغ الفن مـن النبل، فإنه يعجز عـن الإتيان ولو بمعجـزة مـن معجزات الطبيعـة. ثم ما الداعي إلى محاكاة الطبيعة ما دام جميـع الذين يمتلكون الإحسـاس قادريـن على الإحسـاس بها؟ الفن يقتصر على فهـم الطبيعة ونقـل فهمنا لها إلى من يجهلونها. مهمة الفن إظهار روح الشجرة لا رسـم جذع وأغصان وأشجار تشبه الشجرة. هدف الفن إظهار وجدان البحر لا رسـم الأمواج المزبدة أو الميـاه الزرقاء. الفن خطـوة نخطوها من المعلوم المرئـي نحو المجهول الخفي، من الطبيعة نحو اللامنتهي".

وكان جبـران معجباً بأوجيـن كاريير(16) وجـان دلفيـل(17) وأوديلـون ريـدون(18) وبـير بوفيه دوشـافان(19) -الذيـن تزين لوحاتهـم جدران مكتبة بوسطن العامـة التي كان معجباً ببسـاطتها ونقائهـا- أو أمثـال فرناند كنوبف(20) وأوبري بيردزلي(21) وإدوارد برن-جونز(22)، ورسـامي المرحلة ما قبل الرافائيلية(23).

يمكن تقسـيم مسيرة جبران الفنية إلى المراحل التالية:

المرحلة الأولى من 1896- 1904م، وتشـمل رسـومه بقلم الرصاص أو الحبر، والممهدة لأعماله المسـتقبلية، والتي اسـتخدم بعضها لتزييـن دواوين أصدقائه الشـعرية أو تلك المنشـورة لدى داي.

16. أوجين كاريير، Eugène Carrière: (1849- 1906م)، رسام فرنسي مشهور، يُعد أحد أبرز ممثلي الرمزية. وكان جبران يعتبره "الأقرب إلى قلبه". وهناك تشابه بين بعض لوحاته مع لوحات جبران.
17. جان دلفيل، Jean Delville: (1867- 1953م)، رسام وكاتب وفيلسوف وشاعر بلجيكي من أتباع المدرسة الرمزية.
18. أوديلون ريدون، Odilon Redon: (1840- 1916م)، رسام ونحات فرنسي، ورائد في الحركة الرمزية.
19. بيير سيسيل بوفيس دي شافان، Pierre Cécile Puvis de Chavannes: (1824- 1898م)، رسام فرنسي، يُعد من الوجوه البارزة في المدرسة الرمزية. تأثر به جبران كثيراً، وفي بطاقة بريدية أرسلها إلى مي زيادة في 17 كانون الثاني/ يناير 1924م، قال عنه: "أكبر مصوري القرن التاسع عشر على الإطلاق لأنه أبسطهم قلباً وأبسطهم فكراً وأبسطهم تعبيراً، ولأنه أطهرهم نية...". وخلال إقامته في باريس، زار جبران البانتيون ووقف متأملاً بإعجاب جدارية تمثل القديسة جنفياف، وهي من أعمال دي شافان: "هل من طمأنينة أرحب وأعمق مما على وجهها؟"، يسأل صديقه يوسف الحويك.
20. فرناند إدموند جان ماري كنوبف، Fernand Edmond Jean Marie Khnopff: (1858- 1921م)، رسام بلجيكي متعدد المواهب (رسم، نحت، تصوير فوتوغرافي، كتابة)، من أتباع المدرسة الرمزية.
21. أوبري فينسنت بيردزلي، Aubrey Vincent Beardsley: (1872- 1898م)، رسام بريطاني برز في الحركة الرمزية. توفي في الخامسة والعشرين من عمره بمرض السل.
22. إدوارد برن-جونز، Edward (Coly) Burne-Jones: (1833- 1898م)، رسام ومصمم بريطاني. رائد في حركة ما قبل الرافائيلية والرمزية.
23. جماعة ما قبل الرافائيلية، Pre-Raphaelites: هي حركة فنية وأدبية نشأت في إنكلترا عام 1848م، تمردت على الأساليب الفنية السائدة في العصر الفيكتوري، وتبنت الوضوح التفصيلي والألوان الزاهية والمواضيع المستوحاة من العصور الوسطى والأساطير. وتشير تسميتهم إلى رفضهم أسلوب رافائيل (الفنان الإيطالي في عصر النهضة) الذي اعتبروه مصطنعاً، وفضلوا الفن قبل عصره (أي الفن القوطي والبدائي).

وتغلـب عليهـا النزعـة الرمزيـة الصوفية. وقام بعرض أعماله الأولى مـن 30 آذار/ مارس[24] وحتى 10 أيار/ مايو عام 1904م، وبمساعدة داي في محترف الفنان في هارتكورت سـتوديوز. ويُذكر أنه في آب/ أغسطس 1898م، عندما عاد إلى لبنان وأدخله والده أحد المدارس لمتابعة دراسته، كان يجلس في الصف حالماً، مستغرقاً في أفكاره. ومغطياً دفاتره وكتبه برسوم كاريكاتورية لأساتذته.

بين عامي 1908 و1910م، خلال إقامته في باريس، تآلف جبران مع الرسم الزياتي ووقّع أعمالاً لافتـة مثـل لوحـة "الخريـف" التي انتُخبت لكي تعـرض في صالـون الربيع لعـام 1910م، في قاعة لوغـران باليـه (القصر الكبير). وبرع في فن البورتريه، وأنجز سلسـلة من الرسـوم بالفحم لعدد من فنّاني عصره. وكانت شبّيهة بمخططات ليوناردو دافنشي.

ويُذكر أنه خلال إقامته في باريس، قرر المشاركة في "صالون الربيع"، وقدم ثلاثة من أعماله إلى لجنة التحكيم المنبثقة من "الجمعية الوطنية للفنون الجميلة". حَظي عمل واحد منها بموافقة اللجنة وهو لوحة "الخريـف" وقد فسـر جبران لوحته ووصفها في رسالة إلى قريبه نخلة[25] في 7 أيار/ مايـو 1910م بأنها تمثل "إمرأة عارية الصدر يتلاعب النسـيم بشعرها ونقابها، وهي بوقوفها وألوانها ومحيطها تتكلم عن الكآبة التي تأتي بين أفراح الصيف وأحزان الشـتاء".

وعندما حـان موعد تعليـق اللوحات، لم تعـرض لوحته "الخريـف" في القاعـة الكبرى، بل في رواق ضيـق مـن مبنـى "الغـران باليـه"، وهذا مـا آثـار حنقه. فقد كان يعلـم أن رودان[26] سـيزور المعـرض، وإذا بقيـت اللوحة في إحـدى الزوايا فلن يتمكن من مشاهداتها لإبداء الإعجاب بها والتعرف إلى صاحبها. عندئذٍ هرع يوسف الحويك[27] لنجدة صديقه وتمكن من رشوة أحد الحراس

<hr>

24. ورد في مصدر آخر أن تاريخ بداية المعرض كان في 30 نيسان/ أبريل.

25. نخلة جبران: من مواليد بشرّي، كان قريب جبران ورفيق طفولته. هاجر إلى البرازيل، ومارس التجارة هناك؛ وبقي مواظباً على مراسلة جبران. وكان جبران يخاطبه غالباً في مقدمة كل رسالة بـ"أخي الحبيب".

26. فرانسوا أوغست رينيه رودان، François Auguste René Rodin: (1840 -1917م)، نحات فرنسي شهير من القرن التاسع عشر وأوائل القرن العشرين، ويُعد أحد رواد فن النحت الحديث. من أبرز أعماله منحوتة "المفكر، The Thinker". يقال أنه جمعته وجبران صداقة فنية وإعجاب متبادل خلال فترة إقامة جبران في باريس. لكن الحويك ذكر أنهما التقيا مرة واحدة، ولفترة وجيزة. وقد كرّس له جبران مقالة عنوانها "سيد الطين"، مما ورد فيها: "لأي عنصر أنقى وجهت يديك الماهرتين؟ أي شكل أنبل من الإنسان اجتذب عينيك الثاقبتين؟ أي أحلام أنبل وأجرأ تراود خيالك اليوم؟ ... يا سيد الطين! ليتك بقيت وقتاً أطول بيننا! ليتك انتظرت وسط هذا الليل الهادر طلوع الفجر الثاني للأرض!".

27. يوسف الحويك، Youssef Howayek: (1883 -1962م)، رائد النحت في لبنان، درس الفنون الجميلة في روما من 1903 إلى 1908م. كان زميل جبران في معهد "الحكمة" (1898 -1901م)، وفي هذا المعهد أصدرا معاً مجلة "النهضة" و"المنارة" و"الحقيقة"، برسوم الحويك ونصوص جبران. التقيا ثانية لمدة سنتين في باريس (1908- 1910م)، حيث درسا الرسم في أكاديمية جوليان. له عدة لوحات، إحداها بورتريه لجبران؛ وعدد كبير من المنحوتات منها أعمال تمثل مي زيادة وشارل قرم وبشير الثاني وفخر الدين ...

فوافـق علـى نقل اللوحـة وعرضها فـي القاعة الكبرى. وقد كتـب جبران إلى ماري هاسكل[28] عن اللوحة: "اسمك مكتوب على لوحة الخريف. منذ الآن فصاعداً ستحمل جميع لوحاتي أحرف اسمك الأولى مكتوبة داخل دائرة (M.E.H). ذات يوم سـيرى الناس في ذلك رمزاً للخير الحقيقي والحب الحقيقي والإيمان الحقيقي".

بين 1910 و 1914م، ازدادت أعمال جبران وضوحاً وبراعة. ورسم بالزيت وخطط بالفحم أعمالاً وسـمت بالرمزية المتكررة، وقد تأثر في بعضها برامبرانت[29].

فـي كانـون الأول/ ديسـمبر 1914م، عقب معرضـه فـي مونترس غاليـري، كتب جبران: "يتجه كيانـي بكامـله الآن إلـى بدايـة جديدة. هذا المعرض خاتمة لفصل مـن فصول حياتي". ومن 29 كانـون الثانـي/ ينايـر حتى الأول من شـباط/ فبرايـر عام 1917م، عرض جبران أربعة وأربعين رسـماً بالأكواريـل فـي غاليـري "كنويدلر وشـركاه". كمـا عرض أعماله بين 16 نيسـان/ أبريل و28 من نفس الشـهر ونفس العام في غاليري "دول". وبيـن 1915 و1920م، جرب جبران تقنيات الرسـم المائي، فأصبحت شـخوصه أكثر هوائية وشـفافية، وأقل وضوحاً. وقد أقر جبران بذلك عام 1920م: "تنتهي مرحلة وتبدأ أخرى جديدة".

بيـن 1920 و1923م، أصبحـت لوحاته المائية مشـغولة بأناة ودقة، وتميزت أعماله بالتناغم، وعرض أعماله في قاعة نادي نساء المدينة، Women's City Club، في بوسطن والتي أنجز خلالها الرسـوم التي سيتضمنها كتابه "النبي".

بيـن عامـي 1923 و1931م سـنة وفاته، أصبحت لوحاته أكثر سوداوية، فحل محل الشخوص أشكال طيفية.

وعزا البعض الكآبة التي تسود أعمال جبران إلى مقطع من كتابه "الأجنحة المتكسرة": "والمرء إن لـم تحبل به الكآبـة ويتمخّض به اليأس... تظل حياته بيضاء في كتاب الكيان".

إن أعمال جبران التصويرية، على غرار أعمال بليك، هي وثيقة الاتصال بكتاباته، ولعل مصاحبة

——— 28. ماري إليزابيت هاسكل، Mary Elizabeth Haskell: (1873- 1964م)، مربية ومعلمة أميركية وناشطة في الحركة النسوية. أنشأت بمعونة شقيقتها لويز عام 1922م مدرسة للبنات هي "هاسكلز سكول" (314 شارع مارلبورو). التقت جبران خلال معرض في "هارتكوت ستوديوز" في 10 أيار/ مايو 1904م، وأصبحت بعدها المؤتمنة على أسراره. شجعته عام 1908م على الذهاب إلى باريس لتحسين مهاراته في الرسم متولية أمور نفقته الخاصة. وكان لها دوراً كبيراً في انتقال جبران من الكتابة باللغة العربية إلى الكتابة باللغة الإنكليزية. عرض الزواج عليها، لكن فارق السن بينهما جعل زواجهما مستحيلاً. وقد شاركته ثلاثين سنة من حياته.
28. رامبرانت هرمنسزون فان راين، Rembrandt Harmenszoon van Rijn: (1606- 1669م)، رسام هولندي، يُعد من كبار أساتذة فن الرسم الغربي، ورائد المدرسة الهولندية في العصر الذهبي.

رسومه نصوص كتبه هي خير ما يؤكد هذا التطابق لديه بين الكلمة والرسم. إن أعماله التصويرية بالنسبة لأعماله المكتوبة هي جزء من كل. وقد كتب بولس طوق[30] في هذا الإطار: "فن الرسم هـو لدى جبران التعبيـر بالخطوط والألوان عن مجموع قراءاته.

إنه أيضاً فلسفته المترجمة إلى ألوان، وكل لوحة من لوحاته تعكس جانباً من هذه الفلسفة". ولا يمكن التفريق بين كتابات جبران ولوحاته، لأنهما مرتبطان معاً بهاجس فلسفي وتطلع حيوي نحـو عالم الروح وتخيلات الأبدية.

ورغم الإشارة إلى أن جبران لم يكن يحب إطلاق الأسماء على لوحاته ورسومه إلا نادراً، إيماناً منه بصعوبة تسمية الرؤى والأفكار، لكننا في هذا الكتاب -وفي غيره أيضاً- نجد أن كل لوحة تحمل اسماً.

كمـا أن الطبيعـة قليلـة في لوحاته، إذ أنها لم تسـتهوه بقدر ما اسـتهواه الإنسـان. ولا نغفل أن صورة الأم كانـت ماثلة في أعمال جبران كافة وكتاباته ولاسيَّما في أعمالـه التصويرية التي أنجزها بين عامي 1908 و1918م، ومن بينها لوحة مميزة عنوانها "الأم وابنها". وقد رسـم يسـوع كثيراً في لوحاته: "وجه يسـوع" و"يسوع ابن الإنسان".

وكان جبران يهدي بعض لوحاته لمعارفه وأصدقائه، فقد ورد في رسالة محملة بحسن دعابته إلى مـاري هاسـكل بتاريخ 21 كانون الثاني/ يناير 1918: "أبعث إليك برسـمين بالألوان المائية. وأرسلهما فقط لما يحويان من ألوان- جدرانك تحتاج إلى الألوان. ليسا عاريين بالقدر الذي يسيء إلى ذوق أهل بوسـطن- وأقصد هنا الرسمين وليس جدرانك!".

ومـن أعمـال جبـران الفنيـة أيضاً تصميمه بعض الشـعارات، مثل شعار الرابطـة القلمية[31]، وشعار دار كنوبف للنشر.

30. ───── بولس طوق: (1950- 2019م)، كاتب وصحفي لبناني. تميز بأسلوبه الساخر والنقدي، وكثيراً ما تناول في كتاباته القضايا الاجتماعية والسياسية في العالم العربي، لاسيَّما لبنان. وكان غالباً ما يستخدم اللهجة اللبنانية العامية في كتاباته ليجعلها قريبة من القارئ العادي. كان معجباً بأفكار جبران وأسلوبه، فتطرق له في بعض كتاباته.
31. الرابطة القلمية، The Pen League: جمعية أدبية تأسست في نيويورك على يد مجموعة من الأدباء السوريين واللبنانيين المهاجرين. في ليل العشرين من نيسان/ أبريل 1920م، أثناء اجتماع عقد في منزل عبد المسيح حداد صاحب ومؤسس جريدة السائح، أجمع الكتّاب اللبنانيون والسوريون المقيمون في نيويورك على ضرورة السعي "لبث روح جديدة في الأدب العربي، وانتشاله من وهدة الخمول والتقليد"، وضخ دم جديد في هذا الأدب. وقرر المشاركون إنشاء جمعية تكون الحداثة محور نشاطها وغايتها الجمع بين الكتّاب وتوحيد مساعهم لخدمة اللغة العربية وآدابها. والتقوا مجدداً (ثمانية كتّاب) في صومعة جبران في 28 من نيسان/ أبريل لصياغة قوانين وأهداف الجمعية التي أطلقوا عليها اسم الرابطة القلمية. ومن أعضائها كان جبران "عميداً" وميخائيل نعيمة "مستشاراً" ووليم كاتسفليس "أميناً للصندوق"، والأعضاء أمين الريحاني ووديع باحوط ورشيد أيوب وإيليا أبو ماضي ونسيب عريضة وندرة حداد وإلياس عطا الله وعبد المسيح حداد...

أما فيما يتعلق بتعليم الرسـم، فلقد وجدنا مرجعاً واحداً ذُكر فيه أن جبران علّم الرسم للآخريـن، فقد درسـت على يده فتاة اسمها روز نجم ابنة حنا نجم معلوف[32] (أبو راجي) صديق جبـران في بوسـطن. وكان لها فيما بعـد لوحات عـدة رسمتها متأثرة بأسـلوب جبران، كما نحتـت تمثالاً نصفياً لوالدها نجـم. وربما كان هنالك طلاب آخرون علمهم الرسم، لكننا لم نعلـم بهم، حتى الآن.

قُدر انتاج جبران التشكيلي بـ 600 عمل بين لوحة ودراسة ومخطط، ناهيك عن خوضه تجربة قصيـرة فـي النحـت[33]. وحسـب المراجـع[34]، معظم لوحاتـه موجودة في "متحف جبران"[35] في لبنـان، بينما تتـوزع لوحاته المتبقية في "متحـف تلفير للفنون"[36]، وفي "متحف بوسطن للفنـون الجميلـة"[37] و"متحـف فـوغ للفنون"[38] و"متحف الميتروبوليتان للفنون الجميلة"[39]

—————

32. نجّم حنا معلوف: كان تاجراً معروفاً، ولد في زبُّوغا بلبنان وهاجر إلى أميركا. وهناك لوحة زيتية له بريشة جبران محفوظة حالياً في بيت حفيدته منى معلوف إندرسون في فلوريدا.

33. أورد الناقد سيزار غور في كتابه "النحت في لبنان"، أن جبران نفذ عدداً محدوداً من المنحوتات الخشبية. منها خشبية مائلة للتكعيب، تمثل رأس أسد، وأخرى مستطيلة تمثل رأس إمرأة، وخشبية ثالثة أقرب إلى صنع الطبيعة لأنها من جذور الأشجار المجروفة في مياه الأنهار، ولم تكد يد جبران تهذبها.

34. أرسلت ماري هاسكل إلى بشرّي كل الأشياء التي ورثتها من جبران، بموجب الوصية التي كتبها، وهي من وهبت مجموعة اللوحات التي قدمها إليها إلى المتاحف المذكورة تالياً.

35. متحف جبران: هو متحف متخصص بالتعريف بالفيلسوف والرسام والشاعر والكاتب اللبناني جبران خليل جبران أقيم في "دير مار سركيس" في بلدة بشرّي في لبنان، والذي تأسس عام 1935م. يحتوي المتحف على 440 لوحة ورسوماً ومخطوطات أصلية له. كما يحتوي على أدوات محترفه (صومعته) الذي استعمله خلال حياته في نيويورك في العام 1926م. حيث قرر جبران شراء الدير لاستخدامه كمكان لتقاعده، وكذلك الكهف كمكان لدفنه بناءً على طلبه، فاشترته شقيقته ماريانا في 22 آب/ أغسطس 1931م. وتقرر تحويل الدير إلى متحف عام 1975م، حيث تم ترميمه وبناء جناح جديد في جانبه الشرقي. كما تم في عام 1995م توسيع المتحف وتزويده بمعدات حديثة لعرض مجموعات جبران الكاملة. وللمتحف موقع على الإنترنت بإشراف لجنة جبران الوطنية. عنوان الموقع: www.gibrankhalilgibran.org

36. متحف تلفير للفنون، Telfair Museums: أقدم متحف فني في جنوب الولايات المتحدة. تأسس عام 1883م في سافانا، جورجيا. ويقدر عدد مجموعة جبران لديه بنحو 80 عملاً.

37. متحف بوسطن للفنون الجميلة، MFA Boston: من أكبر وأهم المتاحف الفنية في الولايات المتحدة والعالم، تأسس عام 1870م مع إمكانية عرض دائم لأكثر من 50000 قطعة. ويبدو أن كاهيل جبران النحات، الذي ألف مع زوجته جين كتاباً عن جبران كان على صلة وثيقة مع هذا المتحف. فلربما أعماله هو الموجودة في المتحف لا أعمال جبراننا.

38. متحف فوغ للفنون، Fogg Museum: أحد أهم متاحف الفنون في الولايات المتحدة، تأسس عام 1895م، في كامبريدج، ماساتشوستس ضمن جامعة هارفارد، ويُعد أقدم متحف في مجموعة هارفارد الفنية. ويضم 4 أعمال من أعمال جبران.

39. متحف الميتروبوليتان للفنون الجميلة، The Met: أحد أشهر المتاحف الفنية وأكبر ثالث متحف في العالم. يقع في السنترال بارك بمانهاتن، ويضم أكثر من مليوني عمل فني تغطي 5000 عام من التاريخ البشري. تأسس عام 1870م. ويضم 6 أعمال من أعمال جبران.

لمدينـة نيويـورك و"متحف نيـوارك "(40) لنيوجرسـي(41). وتحتفظ وزارة الثقافة فـي لبنان بلوحة مائيـة لجبـران تعـود إلـى عـام 1916م. ويُذكر أن معـهد العالم العربـي(42) في باريـس قد نظم معرضاً ضخماً لأعمال جبران عام 1998م.

<hr>

40. متحف نيوارك، Newark Museum of Art: أكبر متحف في ولاية نيوجرسي، ويضم أكثر من 130000 قطعة وعمل فني. تأسس عام 1909م.

41. ورد في المرجع إضافةً لما سبق "وورلد هاوس في نيويورك". لكننا لم نجد متحفاً بهذا الاسم في نيويورك. بينما كانت هناك معارض تحمل نفس الاسم Wolrd House Galleries، منذ 1957 وحتى 1985م في نيويورك، قد تكون عرضت بعض أعمال جبران، أو قريبه كاهيل جبران. وبعض المراجع ذكرت أن باربرا يونغ منحت أو باعت في أواخر أيام جبران لوحات عدة له بينها رسوم "يسوع ابن الإنسان"، المحفوظة اليوم في نيويورك لدى World House. وهناك حوالي 80 عملاً لدى متحف سُمية في مكسيكو سيتي، وهي مجموعة خليل وجين جبران التي اشتراها كارلوس سليم.
وعملان لدى متحف الجامعة الأميركية في بيروت.
وعملاً واحداً لدى متحف اللوفر في باريس.

42. معهد العالم العربي، Institut du Monde Arabe- IMA: أحد أشهر المؤسسات الثقافية المخصصة بالفنون والثقافة العربية في أوروبا. يقع في باريس بفرنسا على ضفاف نهر السين، مقابل جزيرة سان لويس. تأسس عام 1987م نتيجة شراكة بين فرنسا و22 دولة عربية. وهو من تصميم المعماري جان نوفيل.

﴾ مشاريع جبران الفنية ﴿

إضافـة لأعمـال جبـران التـي كانـت تعـرض فـي معارضـه، كان جبران يضع الرسـوم لكتبه أو لكُتب أصدقائـه، ولكنـه مثـل كل ناسـك صوفي حـاول بناء معبده الخاص فشـيد معبده بلوحاته ورسـومه والذي أطلق عليه اسـم "معبد الفن"[43].

باشـر جبـران بنـاء مشـروعه هـذا منـذ إقامتـه فـي باريـس. وهو عبـارة عـن إنجاز سلسـلة من البورتريهـات لشـخصيات بارزة مـن عصـره. وكانت باكورة المشـروع بورتريه النحّـات الأميركي بول بارتليـت[44]، مبـدع تمثـال لافاييت[45] القائم عند مدخل متحف "اللوفر". حيث قام جبران برسـمه في باريـس في كانون الأول/ ديسـمبر 1909م، إبان دراسـته الرسـم فيها. ومن شدة إعجاب بارتليت بالرسـمة، صمم جبران على رسـم سلسلة الوجوه التي شكلت لاحقاً مجموعته الشهيرة "معبد الفن".

واسـتكمل جبـران لائحـة "معبـد الفـن" ببورتريهات لـكل من إدمـون روسـتان[46]، وكلـود ديبوسـي[47]، وأوغسـت رودان، وهنـري روشـفور[48]... وعندمـا عـاد إلى الولايـات المتحـدة أكمـل المشـروع فرسـم كل مـن وليـم بتلـر ييتـس[49]، وتومـاس إديسـون[50]، وكارل غوسـتاف

43. ورد الاسم في بعض المراجع "معبد الفنون".
44. بول وايلند بارتليت، Paul Wayland Bartlett: (1865- 1925م)، نحات أميركي، كان عضواً في الأكاديمية الأميركية للفنون والآداب، وحاصل على عدة جوائز وأوسمة، منها وسام جوقة الشرف من رتبة فارس.
45. ويشار إليه أحياناً باسم "تمثال أطفال لافاييت"، لأنه كان هدية من تلاميذ المدارس الأميركية إلى فرنسا كبادرة امتنان لمساهمات الماركيز دي لافاييت في الثورة الأميركية. رُكب التمثال عام 1900م.
46. إدمون يوجين أليكسيس روستان، Edmond Eugène Alexis Rostand: (1868- 1918م)، أو إدموند روستاند، شاعر وكاتب مسرحي فرنسي مشهور، معروف بأعماله المسرحية الرومانسية التي تُعتبر من كلاسيكيات الأدب الفرنسي. خلدته مسرحيه "سيرانو دي برغراك، "Cyrano de Bergerac، رغم قلة انتاجه الأدبي.
47. أخيل-كلود ديبوسي، Achille-Claude Debussy: (1862- 1918م)، موسيقي فرنسي وأحد أبرز مؤلفي الموسيقا في أواخر القرن التاسع عشر وأوائل القرن العشرين. ويُعد رائداً للمدرسة الانطباعية في الموسيقا. تُعد "ضوء القمر، "Clair de Lune أشهر مقطوعاته الموسيقية.
48. المركيز فكتور هنري روشفور، Victor Henri Rochefort: (1831- 1913م)، صحفي وكاتب مسرحي وسياسي فرنسي، ومؤسس جريدة La Lanterne الساخرة التي كانت تنتقد الإمبراطورية الفرنسية.
49. وليم بتلر ييتس، William Butler Yeats: (1865- 1939م)، شاعروكاتب مسرحي إيرلندي، حائز على جائزة نوبل في الأدب عام 1923م. ويقال أن ييتس كتب مقدمة أحد طبعات كتاب "النبي" طبعة 1926م، أي بعد عامين من نشره لأول مرة.
50. توماس إديسون، Thomas Alva Edison: (1847- 1931م)، مخترع ورجل أعمال أميركي، اخترع العديد من الأجهزة التي كان لها أثر كبير على البشرية حول العالم، أشهرها المصباح الكهربائي.

يونـغ (51)، وعبـد البهـاء (52)، وألبيـرت بنكهـام رايـدر (53)، والجنـرال غاريبالدي (54) حفيـد الثائر الإيطالـي الذائـع الصيـت، وسـارة برنهارت (55) التـي لُقبـت بـذات "الحسن الإلهـي"، وبيير لوتـي (56)، والقائمة تطول...

وقد تحدث جبران عن هذه المجموعة وكيفية رسـمه لشـخوصها بمثال ذكره في رسـالة له إلى أميـن الريحانـي (57) بتاريخ 5 نيسـان/ أبريل 1911م: "هل تذكر أيها الأخ بأنني أخبرتك عن مجموع رسوم لعظماء الرجال (58) في هذا العصر. أنا الآن مهتم بتصوير كبار الأميركيين للغاية نفسها. فمنذ مـدة صـورت إليـوت (59) رئيـس جامعـة هارفـارد (60) والآن أريـد أن أضيـف صورة فرانك سـانبرن (61) صديقـك القديـم فـي كونكرد ماس (62)، فهل تريد أن تبعث إلي برسـالة إليه وتعرفني به وتوصيه بي

— — — — — 51. كارل غوستاف يونغ، Carl Gustav Jung: (1875- 1961م)، عالم نفس سويسري، ومؤسس علم النفس التحليلي. وكان من أوائل طلاب فرويد.

52. عباس أفندي عبد البهاء، Abdu'l Bahá: (1844- 1921م)، ابن بهاء الله مؤسس الدين البهائي، وولِيه بعد وفاته. أصبح زعيماً للطائفة البهائية من 1892م حتى وفاته.

53. ألبيرت بنكهام رايدر، Albert Pinkham Ryder: (1847- 1917م)، رسام أميركي اشتهر بأعماله الرمزية الشعرية والمزاجية، وبمشاهد البحر. كان ذو شخصية فريدة. تأثر بشخصية جبران، وكتب جبران فيه قصيدة، ووضع له رسماً بقلم الرصاص. حضر رايدر افتتاح معرض جبران في غاليري مونترُس في 14 كانون الأول/ ديسمبر 1914م وأعجب برسومه.

54. جيوزيبي غاريبالدي الثاني، Giuseppe Garibaldi II: (1879- 1950م)، ضابط معروف باسم "بيبينو"، حفيد غاريبالدي موحد إيطاليا (1807- 1882م) الذي يحمل نفس اسمه. كان ضابطاً في الثورة المكسيكية، وانضم كذلك إلى فيلق الجيش الفرنسي الأجنبي خلال الحرب العالمية الأولى.

55. هنرييت روزين برنار، Henriette Rosine Bernard: (1844- 1923م)، أسطورة مسرح فرنسية، تُعد من أشهر الممثلات في التاريخ، ولقبت بـ "الآلهة الذهبية" و" الممثلة الملحمية" وأميرة الإيماء". وكانت تسمى Sarah Bernhardt وبالعربية سارة برنهارت أو ساره برنهاد.

56. بيير لوتي، Pierre Loti: (1850- 1923م)، اسمه الكامل لويس ماري جوليان فيو، Louis Marie Julien Viaud. ضابط بحري وكاتب ومستكشف فرنسي، اشتهر بقصصه القصيرة ورواياته الغريبة.

57. أمين الريحاني: (1876- 1940م)، أديب وفيلسوف ومفكر لبناني، من رواد الأدب المهجري. ولد في الفريكة في جبل لبنان، وهاجر مع عائلته إلى نيويورك عام 1888م، وكان في الثانية عشرة من عمره. كان جسراً بين الثقافتين، الثقافة الأميركية وثقافة الشرق العربي. ورغم أنه لم ينضم للرابطة القلمية، إلا أنه كان صديقاً لأعضائها (كجبران وميخائيل نعيمة). وهناك من قال أنه انضم للرابطة عام 1920م، لكنه لم يلعب إلا دوراً محدوداً. وقال عنه جبران في أحد رسائله: "أحد الرجال النادرين في سوريا الذين لا يترددون عن المشاركة في الأعمال الكبيرة". نشر عام 1911م كتاب "خالد" مرفقاً برسوم توضيحية من رسم جبران، ويُعد هذا الكتاب رمز الفكر الحر في العالم العربي. أقيم في مسقط رأسه متحفاً يحمل اسمه.

58. غالبهم من الرجال وليس جميعهم.

59. تشارلز ويليام إليوت، Charles William Eliot: (1834- 1926م)، أكاديمي أميركي ورئيساً لجامعة هارفارد من 1869 وحتى 1909م، وهي أطول فترة رئاسية في تاريخ الجامعة. وهو الذي حول هارفارد من كلية إقليمية إلى جامعة بحثية رائدة في أميركا. وقال عنه الرئيس الأميركي السادس عشر ثيودور روزفلت "إنه الرجل الوحيد في العالم الذي أحسده".

60. في المصدر ورد: آليوت رئيس مدرسة هارفورد.

61. فرانكلين بنجامين سانبورن، Franklin Benjamin Sanborn: (1831- 1917م)، كاتب سيرة ذاتية وصحفي ومعلم ومؤرخ أميركي، وكان مناهضاً للعبودية ومصلحاً. أسس الجمعية الأميركية للعلوم الاجتماعية عام 1865م. وبعد البحث اكتشفنا فقط مرجعاً واحداً ذكر أن جبران قام برسمه.

62. على الأغلب المقصود بـ Concord, Mass، مدينة كونكورد في ولاية ماساتشوستس، وماس تمييزاً لها عن مدن أخرى تحمل اسم كونكورد. وهي المدينة التي عاش فيها فرانك سانبورن، ونرجح أن الريحاني قد زارها.

وتقدمني له؟ أنا لا أطلب من المسـتر سـانبرن سـوى نصف ساعة من وقته وفي أثناء النصف ساعة أستطيع تسليته بالأخبار الشرقية!".

هذا ولقد تتبعنا أثر مشروع آخر قام به جبران، وإن لم يذكره بشكل مباشـر. وهو مشروع إنجـاز سلسـلة مـن البورتريهـات لشـخصيات بـارزة مـن التاريخ العربي. ويبـدو أنه كان سـابقاً لمشـروع "معبد الفن"، فعند صدور كتاب "البدائع والطرائف"، الذي هو مقتطفات من كتابات جبران في المجلات والصحـف العربية، تسـلمه جبران، وقال مندهشاً لباربرا يونغ[63]: "كنت ناسياً كلياً هذه الرسـوم. لا أذكر أين وضعتها، ولا من أين حصل عليها الناشـر".

وهـي رسـوم وضعهـا عندما كان في السـابعة عشـرة، رسـمها بالحبر الصيني وبالقلم الرصاص لشـعراء ومشـاهير عـرب. وقال لباربرا: "لم تكن لهـؤلاء العظام صـور فوضعتها لهم مـن مخيلتي". وأراها منها وجه ابن سـينا[64] قائلاً: "ألا يشبه ليوناردو دافنشي؟".

وقد تضمنت رسـوم هذا المشروع مشاهيراً مثل: ابن الفارض[65]، وأبو نواس[66]، والمتنبي[67]، والمؤرخ ابن خلدون[68]، والشـاعرة الخنساء[69]، وغيرهم...

63. باربرا يونغ، Barbara Young: (1879- 1964م)، ناقدة أدبية في صحيفة النيويورك تايمز. اسمها هنرييتا بوتون لكنها اشتهرت باسمها المستعار باربرا يونغ. ألفت عدة كتب تحت أسماء مستعارة. غداة صدور كتاب النبي، حضرت أمسية شعرية ألقيت فيها بعض المقاطع من الكتاب، فكتبت رسالة إلى جبران عام 1925م تطلب فيها موعداً لمقابلته فدعاها إلى منزله. وعلى الفور نشأت مودة بينهما بحيث أنها أصبحت سكرتيرة جبران طوال ست سنوات. وبعد وفاته تولت نشر كتاباته، مثل التائه وحديقة النبي. وقد أقامت في محترف جبران وحولته إلى مكان مقدس. وبعد قيامها برحلة إلى لبنان عام 1939م، كتبت كتاب سيرة نشرته في دار كنويف بعنوان "هذا الرجل من لبنان، This Man from Lebanon"، وقد ضمّنت الكتاب أحد عشر رسماً وصورة غير معروفة سابقاً لجبران.
64. ابن سينا، Avicenna/ Ibn Sina: (980- 1037م)، أبو علي الحسين بن عبد الله بن علي بن سينا البلخي، عالم وطبيب مسلم من أصول فارسية. اشتهر بالطب والفلسفة واشتغل بهما. بقي كتابه "القانون في الطب" مرجعاً هاماً في التعليم حتى أواسط القرن السابع عشر.
65. ابن الفارض، Ibn al Farid: (1181- 1235م)، أبو حفص شرف الدين عمر بن علي بن مرشد الحموي، أحد أشهر الشعراء المتصوفين. كانت غالب أشعاره في العشق الإلهي حتى لقب بـ "سلطان العاشقين".
66. أبو نواس، Abu Nuwas: (756- 814م)، الحسن بن هانئ، شاعر عربي يُعد من أشهر شعراء العصر العباسي.
67. المتنبي، Al Mutanabbi: (915- 965م)، أبو الطيب المتنبي أحمد بن الحسين الجعفي الكندي الكوفي، أحد أعظم شعراء العرب، لُقب بشاعر العرب، ومالئ الدنيا وشاغل الناس. عاش في العصر العباسي.
68. ابن خلدون، Ibn Khaldun: (1332- 1406م)، أبو زيد ولي الدين عبد الرحمن بن محمد بن محمد بن الحسن بن محمد بن محمد بن جابر بن محمد بن إبراهيم بن عبد الرحمن بن خلدون الحضرمي الإشبيلي، عالم من علماء العرب والإسلام، برع في علم الاجتماع والفلسفة والاقتصاد والتخطيط العمراني والتاريخ. ألف العديد من الكتب أهمها "العبر وديوان المبتدأ والخبر في أيام العرب والعجم والبربر ومن عاصرهم من ذوي السلطان الأكبر" والذي عُرف اختصاراً بـ "تاريخ ابن خلدون"، ومقدمة هذا الكتاب الشهيرة بـ "مقدمة ابن خلدون". عاش في العصر المملوكي.
69. الخنساء، Al Khansa: (575- 645م)، تماضر بنت عمرو بن الحارث السلمية، صحابية وشاعرة، أدركت الجاهلية والإسلام وأسلمت. اشتهرت برثائها لأخويها صخر ومعاويه اللذان قتلا في الجاهلية.

❧ صومعة جبران ❧

لكل صوفي صومعته الخاصة به، فالصومعة متعبّد الناسك ومنار الراهب، ينقطع فيها ليخلو لأفكاره، ولتكون منطلقاً لخياله ووجدانه، وملهمة لكتاباته أو لسعيه الفني. لذلك حرص جبران أن يبني صومعته، فكان له صومعتان.

غـادر جبـران بوسطن إلى نيويورك في 18 تشـرين الأول/ أكتوبر عـام 1911م. وأقام مؤقتاً في نفس المبنـى الـذي يقيم به صديقه أمين الريحاني. في الأول من تشرين الثاني/ نوفمبر 1911م، انتقل جبران للإقامة في مبنى مشيد من الآجر الأحمر في "وسـت تنث سـتريت" وسط "غرينوتـش فيلـدج". وفي الأول مـن أيار/ مايـو 1913م، انتقـل جبـران للإقامة في الطبقـة الرابعة والأخيـرة في الشـقة رقـم 40 من المبنى الـذي كان يقيـم فيه، حيث أصبح محترفه، وأطلق على المكان اسـم "الصومعة". هناك كان يكتب المقالات والكتب ويرسم بشغف. وقد وصفه الريحاني بأنه: "صالة مكرسـة للفكر والفن والجمال"، وحيث تجمعت الحمّالات الخشبية واللوحات والكتب والأوراق المبعثـرة والتحف والتماثيل. لعل هذا الاسـم هو خير ما يسـمى به مكان مثل هذا. ففي تلك الحقبـة مـن حياته التي تطغى فيها ميوله الصوفية علـى مواقفه المتمردة، يـزداد الفنان ميلاً إلى الانعزال. وصفته ماري: "إنه حر عندما يكون وحيداً"، وكتب إليها مرة: "كم أود أن أكون ناسكاً" و"أحب أن أبقى حيث تكون لوحاتي وكتبي...".

كانت الصومعة مفروشـة بالصور المقدسـة وبطاولة مذبح مزينة بالشـموع، وتفوح منها رائحة البخور وتترك انطباعاً بأن سـاكنها كان أكثر من فنان: كان نبياً حقيقياً.

بعد وفاة جبران، سكنت بربارا يونغ في المحترف. وأرسلت ماري هاسكل العديد من الأثاث والأغـراض الموجودة فيه إلى بشـرّي، وهـي معروضة في متحف جبران. فانتقلت صومعته الأولى لتسـكن في صومعته الثانية التي لم يسكنها.

الصومعة الثانية والتي لم تكن لأفكاره ولرسـومه، كانت في بلدته بشـرّي، في كنيسة داخل دير مار سـركيس، في تجويف سـردابي حيث مددوه بعد نقل رفاته من أميـركا داخل كوة محفورة في الصخر. هذا الدير العتيق الذي لا يعرف أحد تاريخه السـحيق، قابعاً وسط وعر محفور في خاصرة الجبـل، حتـى أن جدران بعض غرفه هي صخرة الجبل ذاتها. ومن القليل الذي عُرف عن تاريخه،

أن هذا الدير كان في القرن السابع مغارة يسكنها النساك. وعند نهاية القرن السابع أورث وجهاء بشرّي غابة السنديان والصومعة إلى رهبان كرملّيين يعيشون في وادي قاديشا[70] مع رهبان من دير مار إليشاع. وفي عام 1862م، بنى الرهبان الكرملّيون في المكان نفسه ديراً جديداً.

كان هـذا المكان الـذي أحبه منذ صباه، هـو المكان الذي تمنـى أن يعود إليـه ويعيش فيه ما بقـي مـن حياته، لكـن القدر لم يجرِ كما كان يرغـب، فأصبح المكان قبراً لجسـده، ومعرضاً لأفكاره ومخطوطاته ورسومه وأشياءه.

عبر عن أمنيته هذه صديقه ميخائيل نعيمة[71]، فقال في الفصل الثالث "الفجر" من كتابه عن جبران، وكتب على لسان جبران: "لا بد لي يا ميشا[72] من الرحيل عن هذه البلاد... نفسي تطالبني بعزتها، وفكري يطالبني بحريته، وجسـمي يطالبني براحته. ولن أسـتعيد عزة نفسـي وحرية فكري وراحـة جسـمي إلا في لبنان. ليتك تعرف الصومعة التـي اخترتها هناك... هي دير قديم مهجور في ضاحية من ضواحي بشرّي اسـمه دير مار سـركيس، قائم في جبهة وادي قاديشا، عند سـفح الأرز. غرفه قليلة، محفـورة في قلب الجبل الكلي، بينها كنيسـة صغيرة. أمامـه منحدر من الأرض لا تزال فيه بعض أغـراس من الكرمة. هي خلوة يا ميشـا لا أظن في السـماء أجمل منها... هناك سـنعتزل العالم يا ميشا... وسـنعمل في الأرض فنحوّل اليابس منها أخضر، والقاحل خصباً، وستباركنا الرياح، وتفرح بنا الشمس، ويحمل إلينا الوادي أنفاسه الملهمة... لن نجد يا ميشا أجمل وأهنأ وأقدس من دير مار سـركيس. وأنت ستحب تلك الصومعة كما أنا أحبها...".

وأصبحت صومعته الأخيرة متحفاً يحمل اسـمه. فمنذ عـام 1926م خطط جبران لشـراء الدير وملحقاته لكـي يجعل منه مكاناً للعزلة ومدفناً له. اشـترته مريانا[73] بناء على طلبه وامتثالاً لرغبته وتحقيقاً لحلمه بعد وفاته. اشـترت عن طريق أحد الأقرباء -عسـاف رحمة، الدير والصومعة بمبلغ 1200 ليرة ذهبية عثمانية.

ودشـن الموقع كمتحف عام 1975م، حيث تتولى لجنة جبران الوطنية إدارة المتحف.

---

70. وادي قاديشا: يمتد وادي قاديشا خمسين كيلومتراً من البترون إلى بشرّي، ويعبره نهر يحمل الاسم نفسه ويصب في البحر المتوسط بين طرابلس والمينا. وهو من أعمق الأودية في لبنان، ومسكون منذ عصور غابرة. ومع انتشار المسيحية تحولت الكثير من مغاوره وملاجئه الواقعة في جوف الصخور والمنتشرة على جانبي الوادي إلى مصليات وأديرة ومناسك، وربما لذلك أطلق عليه اسم "الوادي المقدس". في هذا المكان عاش جبران طفولته، وقد ذكره في نص "سفينة في الضباب" من كتابه "البدائع والطرائف". وأدرج الموقع منذ عام 1998م على لائحة التراث العالمي.

71. ولميخائيل وصف للصومعة الأولى، عندما زارها لأول مرة في ليلة من عام 1916م، برفقة نسيب عريضة وعبد المسيح حداد. وصف لقاء الأصدقاء فيها واجتماعاتهم وسهراتهم. كما وصفها المونسنيور منصور أصطفان.

72. ميشا: لقب ميخائيل نعيمة، يستخدمه أصدقاؤه.

73. مريانا جبران، Mariana Gibran (1885- 1972م)، شقيقة جبران، ولدت في بشرّي، وهاجرت مع العائلة إلى أميركا. عقب وفاة جبران، وافقت على نقل جثمانه إلى لبنان.

<h1 style="text-align:center">؏ أحد معارض جبران التصويرية ؏</h1>

مـن حسـن الحـظ أن مجلة الفنون[74] التي كانت تصدر في المهجر بلسـان الرابطـة القلمية، والتـي كان جبران عميد هذه الرابطة المنتخب، قد نشـرت مقالاً حول أحد معارض جبران الفنية، في عددها العاشـر، السـنة الثانية، في آذار/ مارس 1917م، أي قبل صدور هذا الكتاب بعامين[75]، وقبل شـهرة جبران بنشـره كتاب «النبي». وعلى الأغلب أن صاحب المقال هو نفسـه رئيس تحرير المجلة نسـيب عريضة[76]. ولأهمية المقال -لاسـيَّما أنه ينقل ما قالته الصحافة الأمبركية عن رسـوم جبران- وعدم تناوله أو ذكره سـابقاً، آثرنا نشره هنا كاملاً.

<hr>

74. الفنون، Al- Funoon: مجلة أدبية مهجرية صدرت باللغة العربية أسسها نسيب عريضة في مدينة نيويورك عام 1913م، وشارك في تحريرها ميخائيل نعيمة. وساهم فيها عدد من أدباء المهجر، منهم جبران خليل جبران. وتُعد من أكثر المجلات تأثيراً في تاريخ الأدب العربي. وبسبب متاعبها المالية كانت قصيرة العمر نسبياً، حيث استمرت حتى 1918م. وقد تحدث عنها جبران في رسالة له إلى مي زيادة بتاريخ 2 كانون الثاني/ يناير 1914م، ويبدو أنه أرسل إليها بعضاً من أعدادها، فقال: "وقد سررت باستحسانك مجلة "الفنون" فهي أفضل ما ظهر من نوعها في العالم العربي".

75. وهذا ما يعزز فرضية أن المعرض سبق الكتاب بعامين. وأيضاً وصف اللوحات أتى متشابهاً، القنطور والرجل الطائر بلا أجنحة.

76. نسيب عريضة، Nasib Arida: (1887- 1946م)، شاعر وكاتب سوري ولد في حمص، وأحد كبار الصحافيين العرب. بدأ دروسه في الناصرة بفلسطين ثم هاجر إلى نيويورك في أميركا عام 1905م. ثم أنشأ في نيسان/ أبريل 1913م مجلة الفنون. والتي شارك فيها جبران شعراً ونصاً ورسماً. وكان نسيب عضواً في الرابطة القلمية. وقد ألف رواية وديواناً شعرياً عنوانه "الأرواح الحائرة" عام 1917م. وصفه جبران في رسالة له إلى مي زيادة بتاريخ 2 كانون الثاني/ يناير 1914م بأنه: "فتى عذب النفس دقيق الفكر وله كتابات لطيفة وقصائد مبتكرة ينشرها تحت اسم "أليف". ومما يستدعي الإعجاب يهذا الشاب أنه لم يترك شيئاً مما كتبه الإفرنج إلا وعرفه حق المعرفة". ونسيب هو من شجع جبران على نشر كتاب "دمعة وابتسامة"، الذي جمع مقالات جبران الأولى في العربية.

❧ جبران خليل جبران ❧
ومعرضه التصويري

اسـم جبـران خليـل جبران في الآداب العربية يستنزل على قلب من يعرفه بهجة نيرة وإعجاباً ويحرك في قارئه شواعر غزيرة صافية تتدفق من نفس وجدت في كتاباته راحتها ونورها وطريقها المؤديـة إلى قمم الحقيقة والفجر الروحي.

ولكـن لجبران اسـماً في غير الآداب، ولحياتـه الروحية أثماراً غير الكتـب والدواوين. إن له عدا ذلـك اسـماً عاطـراً وصيتاً ذائعاً في فـن التصوير. وله من الآثار في هذا الفن الشـريف ما جعل له مكانة سـامية في عالم الفن الأميركي (ومن لي بأن أقول السـوري؟) يعترف بها الناقدون الخبيرون.

يقيـم جبـران كل سـنة معرضاً يجلو به صوره الجديدة شـأن كبار المصورين وقد أقام من عهد قريب معرضاً لصوره الصغيرة أتاح لنا الحظ أن نكون في جملة من استعرضوها في قاعات كنودلر الشهيرة في نيويورك.

دخلنـا الحجـرة المخصصة لصـور جبران خاشـعين. وجلنـا نتأمل صـوره الأربعين مستفسـرين غوامضها مستجلين رموزها في سكينة لطيفة غامرة لم يعكرها وجود المتفرجين. فرأينا روح جبران السـامية متجلية في رسـومه كما كنا نراها في تضاعيف سطور مقالاته.

معرض جبران يهمنا نحن السوريين[77] كثيراً لأنه جل ما عندنا من الغنى الفني إن لم يكن كله. فليس مـن يمثلنا فـي هذا الفن الجليل الجميل سـوى جبران -وقد يذكر غيرنا واحداً أو اثنين سـواه من الذين لا يزالون مجهولين عندنا- فلذلك يستدعي هذا المعرض قول كلمة نقدٍ منا تفيه حقه من وجهتيه الفنية والوطنية المتعلقة بنا. ولكنا لا نرى من نفسنا أهلية واستحقاقاً لأن ننخرط في عداد منتقدي التصوير. ولهذا نستعين على غرضنا بإيراد بعض ما قالته الصحافة الأميركية في هذا المعرض -وقد قالت فيه كثيراً- وإنما نقتضب مما وقع تحت أعيننا في الصحف التي اعتدنا مطالعتها.

قالـت جريـدة "نيويـورك أميـركان" تحت عنوان "رؤى مصور شاعر" -"رسوم جبران تشـغل أحـدى الغـرف في معـرض كنودلر وتلبس تلـك الحجرة حلـة غرابة تقضيها عما حولها مـن الاعتياديـات. وذاك لأن جبران شـاعر مثلما هـو مصور، ولأن سـكون تلك الحجـرة كان مكتظاً

<hr>

77. الصحيح: السوريون، ولكننا حاولنا نقل المقالة كما هي في الأصل تقريباً، دون تدخل في علامات ترقيمها أو طريقة كتاباتها إلا في بعض المقاطع القليلة، للضرورة.

بمخلوقات مخيلته. وكأني بالمتأمل فيها يدخل إلى حجرة النفس البشرية فيجدها مسكونة بأشباح التذكارات والأحلام والشواعر.

هنالك رهط من القنطورس(1) يتلهون بالإنسان كأنه لعبة. وهنالك بشر مستغرقون في وحدتهم، وآخرون أقل وحدة منهم يعانق بعضهم بعضاً. وهناك وجوه مستغرقة في هواجسها استغراقاً عميقاً حتى لتكاد تحسبها نائمة. وهناك هدوء تام حتى لتحسب الهواء فارغاً تسكنه أرواح هي أشواق ونزعات صامتة يتساءل عنها الفؤاد قائلاً -أهي يا ترى نتيجة شواعر لم تنطبق على الواقع أو هي خبرة لم تكن سوى اغترار! وما أهيب هذا المكان وقد أبكمه الغموض ونابت فيه الشهوة عن الإرادة ووضع القدر الأعمى الشهوة تحت أمره.

أجل إن القدر الأعمى ليرف فوق كل شيء هنالك بطيئاً في عمله كأنه يتلمس طريقه واثقاً بقوته أكثر من وثوقه بقصده، بينا(78) الإنسانية تخضع أمامه ذليلة مترقبة فجر الحرية ليحل قيودها ويطلق سراحها ويفتح عينيها للنور ويمنح روحها جناحاً ويسعفها لتغلب نفسها بنفسها فتسود على القدر الذي كان لها سيداً.

وكأني بالترقب المتوتر قد حصر النظر في وجه من الوجوه بين تلك الصور. وهو وجه إمرأة دقيق الرسم لطيف الملامح قد علا فوق الأرض والصخور حيث تولدت أشكال مبهمة غير كاملة ولم ينفصل عنها تماماً بل لا يزال مربوطاً بها بصلات القرابة. ارتفعت الإمرأة نحو الأعالي ووجهها يتألق بنور ناعم لين كالقمر في ظلال الفجر وأجفانها قد أخذت بالانفتاح لاقتبال نسمة الروح. وقد دعا المصور هذه الصورة الجميلة الموضحة مظهراً رائعاً غريباً من الاحتمال والشوق باسم "السكينة".

وفي المكان نفسه فوق بقية الرسوم صورة جسم طائر لا جناح له يعتمد في طيرانه على قوته الغريزية في العوم والحركة. وذلك الجسم قد انبسط عارياً انبساطاً حراً مطلقاً على بياض الورق. وبين هذا الجسم والخلاء من المناسبة في الدقة والنعومة ما ينتقل بمخيلة الناظر رغماً إلى ما وراء حدوده القرطاس. فيخيل له أن ذلك الجسم يتحرك باستقلال في عباب اللانهاية".

وقالت جريدة "كرسشن ساينس مونيتور" -"لم يبقَ من التأثيرات العديدة المختلطة التي علقت بذهننا أثناء زيارة سريعة للمعارض التصويرية ما هو أشد صراحة من التأثير الذي أحدثته فينا رسوم جبران المعروضة في معرض كنودلر.

جبران سوري ولد في متحدرات لبنان الغنّاء العريقة في القدم, والظاهر أن التخيلات الشعرية الشرقية بغوامضها الباطنية ثبتت فيه رغم التغيرات الجوهرية التي انتقل إليها أثناء درسه الأدب وتعاطيه التصوير سنين عديدة في باريس ونيويورك...".

وقالت مجلة "أميركان آرت نيوز" -"تُعرض في معرض كنودلر رسوم لجبران خليل جبران

<hr>

78. ربما بينما.

ينتهي عرضها في العاشـر من شبـاط. هـذه الرسـوم وإن كانت تنم عـن تأثير فـن "رودان" في جبران، فهـي تبرهـن عـن مقدرة الأخيـر وتفننه... وبعـض هذه الصـور خيالية غريبة. وتستحق دون شـك ألتفات القوم".

وقالـت جريـدة "التايمس" في مجلتها الأحدية -"في معرض كنودلر رسوم لجبران تسـبب لذة عظمى للجمهور الميال إلى الأساليب من الفن. معلوم أن نية المصور تقاس بأهمية رسومه. فإذا تعمق حتى وصل إلى جوهر موضوعه وعرض علينا ما يراه مغتبطاً اغتباط من يكتشف شـيئاً جديـداً فهو المصور الحقيقي مهما عرض له أثناء أبحاثه العنيفة في عمله الدقيق. ويلذ لنا أن نرى أن كثيرين من المصورين الذين يستميلهم التعمق في منهجهم يعدلون أحياناً كثيرة إلى البسـاطة ويجـدون راحة في العود إلى التصوير بالفحم أو بالقلم".

وقالـت جريـدة "التربيـون" النيويوركيـة -"رسوم جبران المعروضة في متحف كنودلر تبلغ الأربعيـن عـدداً. وهي حديثة الطرز بمعناها أكثر منهـا بمبناها. وتذكرنا بأسلوب تصاوير رودان الشـهير -على أن جبران يعتني في رسومه أكثر منه ويرسم الهيئات مستعملاً خطوطاً كثيرة حيث لا يستعمل رودان إلا خطاً واحداً- وجبران خيالي ورمزي و"مفكر رزين"...".

ونشرت مجلة "الفنون السبعة" مقالة ضافية (79) تحت عنوان "فن جبران خليل جبران"(80) بقلم إحدى شهيرات المنتقدات الأميركيات فأعطت وطنينا(81) حقه من التقدير والمديح. ولقد كنا نود تعريبهـا بكاملها لنطلع قراءنا على ما لجبران مـن المكانة في عالمي الفن والأدب الأميركيين لولا ضيق الفسحة. فلذلك نكتفي بإيراد بعض جمل منها- "فن جبران رمزي سامي المغازي، لأن أصوله ليسـت في التصورات بل في تلك الحقائق الجوهرية التي تظل ثابتة في كل العصور والتجاريب...

جبران يهتـم في فنه ليس بتاريخ الإنسان فقط بل وبتاريخ الحياة أجمع. ويهمه منها ليس وصفهـا وتصويرهـا فقـط بـل وفـوق ذلك مقاسـمتها عراكها الأبـدي. ففنه عصري كـروح عصرنا الحديـث، وقديـم كالزمان...".

هـذا هـو جبران المتفنن كما يقدره الأجانب ومن الغبـن والحيف المدهش أن نـرى صحافتنا لـم تكتـرث بمعرضـه ولم تفه حقه مـن النقد والذكر. فكأن الفـن في عرفها لا يسـتحق تنويهاً بإزاء مواضيعهـا الدنيويـة، ولذلـك تركت للأميركيين حق الافتخار بمصور شرقي نحن أحـق بإكرامه من الأجانـب. ولكـن ربما صدق فينا القول المأثور "ليس لبني(82) كرامة في وطنه".

* القنطورس (83) حيوان خرافي نصفه الأعلى إنسـان ونصفه الأسفل حصان.

79. ربما خطأ مطبعي لكلمة إضافية، أو صافية.
80. وهي نفس الكاتبة أليس رافائيل، التي علقت على الكتاب.
81. ابن وطننا، أو مواطننا.
82. ربما خطأ مطبعي لكلمة نبي، ولا علاقة لكتاب النبي هنا، فهو لم ينشر بعد. لكنها مجرد صدفة.
83. سيأتي شرحه والحديث عنه لاحقاً.

• عن المعلّقة أليس رافائيل

أليـس بيرل رافائيل، Alice Pearl Raphael: (1887 -1975م).

ولدت الكاتبة والمترجمة والمحللة النفسية أليس بيـرل رافائيل في براونزفيل Brownsville، تكسـاس في 22 حزيران/ يونيو 1887م. التحقت بكلية بارنارد، ودرسـت الموسيقا في ألمانيا. كما أمضـت رافائيـل بعـض الوقت في زيورخ، حيث درسـت التحليل النفسـي مـع كارل يونغ وفريتز ويتلز[84]. وقد مارست رافائيل مهنة التحليل النفسي لعدة سنوات. وأسست لاحقاً نادي علم النفس التحليلي في نيويورك. وكانت أيضاً عضواً في جمعية الأبحاث النفسية وألقت بعض المحاضرات في معهد نيويورك لمؤسسـة كارل يونغ لعلم النفس التحليلي. وفي عشـرينيات القرن العشـرين، أثناء إقامتها في واشـنطن، كونيتيكت، درست الرسم.

في عام 1932م، نشرت رافائيل الجزأين الأول والثاني من كتاب يوهان فولفغانغ فون غوته[85] "فاوسـت: المأسـاة" (دار هيريتيج للنشر، The Heritage Press)، والـذي ترجمتـه مـع صديقها الباحث كارل ف. شرايبر[86]. في كتابها التالي، "غوته وحجر الفيلسوف: الأنماط الرمزية في الأمثال" والجـزء الثاني من "فاوسـت" (دار روتليدج وكيجان بـول المحدودة، Routledge & Kegan Paul Limited. 1965م)، حللـت رافائيـل عمـل غوتـه في سـياق النظريـة اليونغية. وظهـرت رافائيل في كتاب "عشـرون رسـماً" لخليل جبران، حيث رسـم جبران وجهها بالفحم. عاشت رافائيل في مانهاتن معظم حياتها وتوفيت هناك في 27 آب/ أغسطس 1975م.

ويُذكـر أن رافائيـل قـد كتبت مقالاً عن جبران بعنوان "فن خليـل[87] جبران" في آذار/ مارس 1917م، في مجلة الفنون السبعة[88]. التي كانت تصدر في نيويورك.

---

84. ——— فريتز ويتلز، Fritz Wittels: (1880 -1950م)، محلل نفسي أميركي، نمساوي المولد. وهو أحد كتاب سيرة سيغموند فرويد.

85. يوهان فولفغانغ فون غوته، Johann Wolfgang von Goethe: (1749 -1832م)، شاعر وكاتب مسرحي وأديب وفنان وعالم وسياسي ألماني. من أشهر أعماله: "آلام فيرتير" و"فاوست" و"غوتس فون برليشغن".

86. كارل فريدريك شرايبر، Carl Frederick Schreiber: (1886 -1960م)، دكتور وأستاذ جامعي أميركي. أستاذ اللغات والآداب الألمانية في ليفينوورث. وفي مرجع آخر، ورد أن من ساعدها في الترجمة هو ويليام أ. سبيك، أمين مجموعته الخاصة في مجموعة الأدب الألماني بجامعة ييل، حتى وفاته عام 1928م. وبعد وفاته ساعدها كارل.

87. تجدر الأشارة أن كلمة خليل في أميركا ترد بهذا الشكل Kahlil في أكثر من مرجع ومقطع، لأنها هي التي اعتمدت رسمياً خلال حياته في أميركا، رغم أن Khalil هي الأقرب للنطق العربي لاسمه.

88. في عدد آذار/ مارس 1917م، الصفحات 531- 534، من المجلد الأول للمجلة. ويذكر أن جبران كان عضواً في المجلس الاستشاري للمجلة، ونشر فيها عدة نصوص باللغة الإنكليزية. وكانت المجلة شهرية متخصصة أسسها في نيويورك الشاعر جيمس أوبنهايم (1882- 1932م). صدر عددها الأول في تشرين الثاني 1916م وعددها الأخير في تشرين الأول 1917م . وجُمعت في مجلدين.

شركة ألفريد أبراهام كنوبف[89]، Alfred A. Knopf, Inc.، هي دار نشر أميركية أسسها ألفريد كنوبف وبلانش كنوبف عام 1915م. وكانت الدار تهتم بنشر الكتب للكتاب الأوربيين والآسيويين وفي أميركا اللاتينية، بالإضافة إلى الاتجاهات الأدبية الأميركية الرائدة. استحوذت عليها رندم هاوس في عام 1960م. وهي الآن جزء من قسم مجموعة كنوبف دوبلداي للنشر التابعة لبنغوين رندم هاوس، Penguin Random House LLC. المملوكة للمجموعة الألمانية شركة برتلسمان. وكان شعار الشركة هو برزي[90] في حرد المتن[91] الخاصة بها، والذي صممته المؤسسة المشاركة بلانش كنوبف زوجة ألفريد في عام 1925م[92].

وقد ارتبطت الدار مع جبران بعلاقة نشر مميزة، خاصة كتبه المكتوبة باللغة الإنكليزية، حيث ساعدت في تعريف العالم الغربي عليه. فقد نشرت له كتاب "النبي" عام 1923م، وكتاب "رمل وزبد" عام 1926م، و"يسوع ابن الإنسان" عام 1928م، و"آلهة الأرض" عام 1931م، الذي كان آخر كتاب نشر له في حياته. وبعد وفاته استمرت كنوبف في إعادة نشر أعماله خاصة "النبي" الذي أصبح ظاهرة عالمية.

وألفرد أبراهام كنوبف، Alfred A. Knopf (1892 -1984م)، من مواليد نيويورك. كان في الثالثة والثلاثين من عمره عندما أنشأ دار نشر خاصة به تحمل اسمه. وكان أول كتاب نشره "Four Plays" لإميل أوجييه[93]، بمساعدة والده وزوجته بلانش وولف[94]، عام 1915م.

---

89. وهناك من عرب اسم العائلة كنوف، بدون حرف الباء.

90. البرزي أو البورزي، Borzoi: هو كلب صيد روسي، من سلالة الكلاب المحلية، ويستخدم عادة لصيد الذئاب.

91. حرد المتن: أو الطرة، أو الصرة، أو التختيم، عبارة عن بيان موجز يحتوي على معلومات مثل مكان النشر، والناشر، وتاريخ النشر... وغالباً ما يكون حرد المتن في نهاية النص، ولكن في بعض الأحيان يظهر في مكان آخر، والعديد من الكتب الحديثة (ما بعد عام 1800م) تحمل هذه المعلومات على ظهر صفحة العنوان، والتي تسمى أحياناً "صفحة الكتاب، Biblio-page" أو "صفحة حقوق النشر".

92. وهنا ينبغي لنا أن نتساءل كيف وجد الشعار على كتاب نشرته الدار قبل حوالي 6 سنوات من تاريخ تصميم الشعار! ربما تمت إضافة الشعار فيما بعد، لا سيّما على النسخة الإلكترونية من كتابنا. لذلك هناك مصادر أخرى أوردت أن هذا الشعار هو من تصميم جبران ورسمه. لاسيما أن جبران قد صمم ورسم شعارات سابقة، مثل تصميمه لشعار "الرابطة القلمية" كما ذكرنا.

93. إميل أوجييه، Émile Augier: (1820 -1889م)، كاتب مسرحي فرنسي بارز، يُعد أحد رواد المسرح الواقعي الاجتماعي في فرنسا. درس القانون، لكنه تفرغ للأدب تحت تأثير جدته التي كانت كاتبة. من أبرز أعماله "زوجة غابرييل"، و"الأربعاء الأخير".

94. لاحظ أن اسم زوجة ألفريد قبل الزواج هو Wolf، وربما كان هذا سبب اختيارها للبرزي، فهو من نوع Wolfhound، أي الكلب الذئبي الذي يستخدم في صيد كبار الطرائد، خصوصاً الذئاب. فربما استخدمت الرمزية في الشعار للدلالة على زوجها.

- **المراجع:**

- أحمد بزون. (1 تشرين الأول/ أكتوبر, 2000م). جبران خليل جبران فناناً تشكيلياً. (محمد الرميحي، المحرر) جريدة الفنون (العدد صفر)، 30- 33.

- أديب مخزوم. (1 كانون الأول/ ديسمبر, 2018م). ريما نجم تكشف أهمية جبران خليل جبران التشكيلية. الشارقة الثقافية، 102- 105.

- إسكندر نجار. (2008م.). قاموس جبران خليل جبران. (ماري طوق، المترجمون) بيروت، لبنان: دار الساقي.

- ثروت عكاشة. (1 حزيران/ يونيو, 1999م). جبران مصوراً. إبداع، العدد 6، 11-12.

- محمد دنيا (ترجمة). (1 أيلول/ سبتمبر, 2004م). جبران خليل جبران... الرسام. الحياة التشكيلية.

- موسوعة ويكيبيديا. (بلا تاريخ). تم الاسترداد من https://wikipedia.org

- ميخائيل نعيمة. (تموز/ يوليو, 1999م). المجموعة الكاملة – المجلد الثالث – جبران خليل جبران. بيروت، لبنان: دار العلم للملايين.

- نسيب عريضة (المحرر). (آذار/ مارس, 1917م). جبران خليل جبران ومعرضه التصويري. الفنون (السنة الثانية- الجزء العاشر).

- هنري زغيب. (2021م). هذا الرجل من لبنان- كتاب باربرا يونغ- ووثائق جديدة أميركية لبنانية. بيروت، لبنان: مركز التراث اللبناني- الجامعة اللبنانية الأميركية.

عشرون رسماً

عن فن جبران خليل جبران

"حياة الأجيال السابقة عبرة للأجيال القادمة." هذه العبارة، المأخوذة من كتاب "ألف ليلة وليلة" الـذي يُعتبر تحفة الأدب العربي القديم، تصلح نوعاً ما كمقدمة مناسبة لأعمال أشهر فنان وشاعر في العالم العربي الحديث - جبران خليل جبران.

في الشـرق الأدنـى، هناك أكثر مـن مئة مليون ممن تُعـد اللغة العربية لغتهـم الأم، وقد أصبح شـعر جبران جزءاً لا يتجزأ مـن التقاليد الوطنية لهـؤلاء الناس، لدرجة أن القول بـأن "أعمال الجيل الحالي هـي عبرة للأجيال القادمة" ليس مجرد كلام عابر. لكن جبران الشـاعر، المعروف في العالم الأدبـي العربي كشـاعر وناقد ومـؤرخ منذ أربعة وعشرين عاماً، قد تـم تقديمه للجمهور الناطق بالإنكليزيـة مـن خلال كتابه "المجنون"، وهو مجموعة مـن القصص والحكايـات الرمزية القصيرة، بعضها ترجمها بنفسـه من أعماله العربية والبعض الآخر مكتوب مباشرة بالإنكليزية بطلاقة مطلقة وبلاغة اللسان الغربي.

أما جبران الرسام، فقد بدأت أعماله الفنية تلفت انتباه جمهوره الأميركي، وربما يساعد التفسير التالي لفنه أن يكون مفتاحاً في كشـف سـر التناغم والتناقض بين الشرق والغرب.

وُلـد جبـران في جبل لبنان، ورغـم أنه اختار عمداً أن يكون جزءاً من العالم الجديد ومشـاكله المتفاقمـة، إلا أن انتمـاءه إلى سـوريا[95] يشـكل جزءاً حيويـاً من حياته، لدرجة أنه يبدو في هذه الحالة وكأن الروابط بين العالم القديم والجديد قد صُنعت بشكل رائع وعُزِّزت بشكل كافٍ. ورغم أنه يشـعر بأنه سوري في جوهره، ويُشاد به كمتحدث رسمي باسم الشعب العربي في الفنون، إلا

---

95. في تلك الفترة، مصطلح سوريا كان يشمل منطقة كل من الدولتين الحديثتين لبنان وسوريا. أو ما أصطلح عليه: سوريا قبل الحرب العالمية الأولى.

أن جبران ينتمي إلى عالم يتجاوز المصالح القومية، وفنه هو نتاج تعاطف عميق مع المشاكل التي تُشكِّل تيار الحياة المتحرك في جميع الأمم وعلى مر العصور. وشعره مزيج من الصور القديمة الممزوجة بسخرية التأمل الحديث المؤثرة، ولوحاته أيضاً نتاج خيالات الشرق المترف، المصاغة بإتقان تقني دقيق لم يسبق للغرب أن أنتج مثله.

هذا المزيج بين الشاعر والرسام هو ما يجعل أعماله تتميز عن الشعر الحديث للشرق، كما في أعمال طاغور (96) على سبيل المثال، والذي يفصل لوحاته عن المفهوم التقليدي للفن الشرقي. فجبران، على الرغم من ولائه الأبوي لسوريا، هو مواطن من أرض "الكوزموبوليس"(97) - ذلك العالم المتحرك باستمرار، الذي يشبه إلى حد ما جزيرة أطلانتس(98) الأسطورية، التي تنتمي إلى كل العصور ولا تنتمي إلى مكان محدد؛ لذا فإن جبران، إلى جانب كونه أكثر الشعراء قراءة في البلاد العربية الحديثة، يرتبط ارتباطاً وثيقاً بباريس. هناك عمل مع رودان، وعرض في الصالون سلسلة من لوحات الوجوه، شملت ديبوسي، وروستان، وسارة برنهارت، ورودان نفسه، الذي قال: "لا أعرف أحداً آخر أقترن فيه الرسم بالشعر بهذا القدر الذي يجعله بليك الجديد". إن تقديره الدقيق للترابط بين الفنون يُمكّنه من أن يكون المتحدث باسم عبقرية الشعب العربي الذي يدين له العالم الغربي بدينٍ بدأ يُدركه الآن فقط، ولم يُساهم أي شاعر من الأجيال السابقة في تحقيق تفاهم أوثق بين الشرق والغرب أكثر من جبران خليل جبران.

طاغور، على سبيل المثال، ينتمي تحديداً إلى الهند. وسواء قرأناه أم لا، وسواء دمجنا أعماله مع أعمال المدارس الحديثة الأخرى، فإن هذا لا يؤثر على قيمة طاغور في الهند. فهو لم يعش في أرض الكوزموبوليس، ولا يُعير اهتمامه للعصر الجديد في الأدب الغربي. لكن جبران اختار الإسهام في الفنون والآداب الغربية، وإيمانه بتطور "ثقافتنا الجامدة" هو درسٌ للأجيال القادمة. لقد تنازل عن مكانته كرائد في عالم الشرق الأدنى ليلفت انتباه العالم الغربي إلى تقاليد الشعب العربي وعبقريته. ومع أن المعلقين والمعقبين قد أقروا منذ

96. ــــــــــ رابندرانات طاغور، Rabindranath Tagore: (1861 -1941م)، شاعر وفيلسوف وكاتب وموسيقي ومصلح اجتماعي هندي مشهور، حاصل على جائزة نوبل في الأدب عام 1913م عن مجموعته الشعرية "جيتانجالي" Gitanjali. وكان صديقاً للمهاتما غاندي.

97. الكوزموبوليس، Cosmopolis: الاسم مكون من كلمتين يونانيتين: Cosmo وتعني الكون، وPolis وتعني المدينة. فتصبح الكلمة"المدينة الكونية". وهي تشير إلى مدينة أو مكان يجتمع فيه أناس من مختلف الثقافات أو مكان متعدد الثقافات، مثل المدن العالمية الكبرى، كنيويورك ولندن ودبي. وقد استخدمت أيضاً كرمز للتنوع والتقدم الحضاري.

98. أطلنتس، Atlantis: وترد بصفة مدينة أو جزيرة أوقارة أطلنتس. هي قارة أسطورية لم يثبت وجودها حتى الآن بدليل قاطع، ويقال أنها غرقت في المحيط؛ وقد ذكرها أفلاطون في محاورتين: طيماوس وكريتياس. وتشير بعض الدلائل إلى وجودها في أعماق المحيط الأطلسي. وقام الكثيرون بمغامرات للبحث عنها.

زمـن بعيـد بأننا مدينـون للعرب من الناحية الأدبيـة، الذين أدخلوا القافية والشـعر المقفى إلى أوروبـا منـذ أكثـر من ألف عـام، وأن المؤرخين قد أقروا بالدفعة التي أعطاها الفلاسـفة العرب للعلوم، إلا أن مهمة المؤرخ المعاصر تبقى أن يُعرّفنا، من خلال الرسـم، على المفاهيم الشـعرية الواسـعة التي تُشكل جزءاً من تراث العقل العربي.

خليـل جبـران واحد من الفنانين الذين انخرطوا في الصراع بين القديم والجديد، أو كما عُرف في عصور أخرى، وبما اصطلح عليه، التذبذب بين الاتجاهات الكلاسـيكية والرومانسـية في الفن. هـو، كشـاعر، رومانسـي، يواكب العصـر، ويدمج الـروح التحليليـة التواقـة لعصرنا مع الحكايات الرمزيـة القديمـة أو مع الشـكل البسـيط للنثر الإيقاعي. أما في الرسـم، فهو كلاسيكي، وأعماله تدين لاكتشـافات دافنشـي أكثر مما تدين لأيٍّ من فنانينا المتمردين المعاصرين. وهكذا، ينغمس جبران أيضاً في الصراع الذي يشكل المشـكلة الملحة التي تُؤرق عالمنا اليوم، ألا وهي إعادة بناء عصر سـيُوازن بين الإرث الخالد للعالم القديم، والتقاليد الكلاسـيكية، مع الاتجاهات الفنية دائمة التطور والتقلب، والتي تُشكل جوهر الرومانسـية الحقيقية. فالكارثة التي اجتاحت عالمنا، والتي تدفعنـا لإعـادة بناء حدودنا الجغرافية ومبادئنا السياسية، تطالبنا أيضاً بإعادة بناء قيمنا الأخلاقية ومعاييرنـا في حياة الروح، التي يُعد الفن أحد أعمق تجلياتها. وبينما نسـترجع الدمار الذي فصل العالـم الـذي اعتدنـا عليه عن العالم الذي نعيـش فيه اليـوم، نزداد وعيـاً بالكارثة التي حطمت فلسـفاتنا وعقائدنا ومعتقداتنا الفنية تمامـاً. لقد حل عبءٌ كئيبٌ على عاتق الجيل القادم، الذي تتمثـل مهمتـه فـي خلق عالم ما زال في طور التكوين -وإذا لم نُرد لفنوننا أن تستسـلم لإلهاماتٍ كالتمويه، ولم نُرد للعلم أن يُسـتعبد لإبتكاراتٍ كالدبابة- وإذا لم يكن هناك تعبيرٌ أنبل عن الطاقة ليُنقذ الإنسان من الهاوية التي أغرقته فيها قوته التدميرية، فعليه في مرحلة إعادة البناء أن يلجأ، دون وعي، إلى أشـكالٍ جديدةٍ وأكثر حيويةً للتعبير عن الذات.

لم يعد الدين بمعناه التقليدي قادراً على انتشاله من عثرات معاناته، ولن يتمكن من الانتقال بيـن عذابات موت العالم القديم ومخاض العالم الجديد إلا من خلال شكلٍ آخر من التعبير، يُصور حقائق الروح بتقوى، سـواءً من خلال الفن أو العلم أو المعتقدات الاجتماعية. ولكن حتى في هذا العبـور المظلـم الذي نجتازه سـعياً وراء حياة جديـدة كحياتنا، نُدرك بعض التأثيرات الناشـئة التي تُنبـئ بفـن المسـتقبل، بحيث لا يمكن تقييم إنتـاج الفنان من منظور التعبير عن الذات فحسـب، بل يجب قياسـه من خلال علاقته بالعمليات العضوية التي يشكل جزءاً لا يتجزأ منها.

فبالنسـبة للعقل التفسـيري، على سـبيل المثـال، لا يمكن الحكم على تدمير قرطاج بأنه عرضٌ ناريٌّ للبراعة العسكرية، لأن ما يهم هو زخم التغيير الذي منحه ذلك الفعل للحضارة. ومع استيراد

عبادة سـيبيلي(99)، الأم العظيمـة، وُضعت روما في اتصال مباشر مع الشـرق، وتوطدت الصلة بين العالمين الحديث والقديم. وفي نهاية المطاف، لم يكتسب دين الشرق وفنونه موطئ قدم فحسب، بل أصبحا جزءاً لا يتجزأ من الثقافة الرومانية اللاحقة، بحيث غُزيت روما بما كانت قد شـرعت في إخضاعـه قبـل قرون. انطلق الرومـان لغزو غريمهم، فعادوا بدين غريمهم، وبالتالي بجزءٍ كبيرٍ من نظام سلطتهم. وهكذا، أصبحت عمليةٌ كانت قوميةً في ظاهرها جزءاً أساسياً من التطور العضوي للحضارة، الذي أعاد توجيه العمليات الثقافية لأمة، وفي نهاية المطاف لما كان يُعرف آنذاك بالعالم الحديث. وهكذا يفقد مصطلح "حديث" صيغته اللغوية عندما نرى مدى سهولة نقله من عصر إلى آخـر، ليـدل على أنواع معينة من الأفكار بدلاً من فترات زمنية. فحياة العالم الداخلي لا حدود لها سوى القيود الشخصية، ولا مصالح وطنية أو خصوصية سوى تلك التي نعتنقها طواعيةً. عندما ننقل مشاعرنا إلى كلمة مثل "سبارتاسايد"(100) تصبح مرادفاً حديثاً؛ فهي تنفصل على الفور عن دلالتها الأصليـة، وتصبح مرتبطة ارتباطاً وثيقاً بمصالحنا ومشاعرنا. باختصار، تُحيي الكلمة-الرمز، الماضي وتنتقل إلى معناها الحاضر لتحفيز العقل على البحث عن مراعي فكرية جديدة.

ولأن الـروح مشـغولة بمشـاكل قليلـة وهي قليلة بشـكل فريد. فالحيـاة في عملها الأساسي ليسـت سـوى تحول لعمليات الميلاد والحب والموت. جوع الشـهوات وجوع التملك؛ والرغبة في المغامرة والخوف من المجهول؛ وأن تحب وأن تُحَب؛ من خلال هذه الأشياء البسيطة الأساسية، أقام الإنسـان تعقيدات الحياة الهائلة وإلى هذه الأشياء البسيطة الأساسية يجب على الفنان الذي يبحـث عن وسـائل جديدة للتعبير وسـط فوضى ثقافة الأديان والفنـون والأخلاق أن يعود. أولئك الذيـن شـهدوا تفكك العالم لم يعد بإمكانهـم إيجاد الرضا في الرسـم الموضوعي(101). ماذا يمكن

<hr>

99. عبادة سيبيلي، Cult of Cybele: وتعرف أيضاً باسم الميثراسية الكبرى، هي ديانة قديمة تركزت على عبادة الإلهة الأم سيبيل، والتي كانت تُعبد في الأناضول حيث نشأت في فريجيا، Phrygia، ثم انتشرت في اليونان، وفي الإمبراطورية الرومانية لاحقاً. وتعتبر سيبيل إلهة الخصوبة والطبيعة والولادة، وغالباً ما ارتبطت بالجبال والأسود. وكانت تعرف باسم "ماغنا ماتر"، Magna Mater، أي الأم العظيمة. أدخلها الرومان عام 204 ق.م. خلال الحرب البونيقية الثانية بناءً على نبوءة بأن سيبيل ستنصر روما.
100. سبارتاسايد، Spartacide: مصطلح نادر الاستخدام، وهو تاريخياً مرادف لكلمة سبارتاكوس. استخدمت بعد قرن ونيف للإشارة إلى أي عضو في رابطة سبارتاكوس في ألمانيا. ظهرت هذه الرابطة في ألمانيا (1916- 1919م)، وكانت مجموعة ماركسية ثورية تأسست خلال الحرب العالمية الأولى على يد روزا لوكسمبورغ وكارل ليبكنخت وغيرهما، وسُميت تيمناً بسبارتاكوس قائد ثورة العبيد الرومانية، كرمز للتمرد ضد القمع الرأسمالي. وكانت معارضة للحرب.
101. الرسم الموضوعي، Objective Panting: هو أسلوب فني يركز على تصوير الواقع بدقة وموضوعية، دون تدخل المشاعر والتفسيرات الذاتية للفنان.

لفـن ميسـونييه(102) أن يقـول لرجـل عـاش فـي خندق؟ مـاذا يمكن لفـن واتـو(103) أن يقـدم للرجـال الذيـن عانـوا مـن الشـظايا أو مـن الغواصة؟ نحـن نعلـم أن فيرونيـزي(104) عمل وسـط الواقعيات الحسـية المترفـة(105) التـي صورهـا؛ ونعلـم أن واتـو قـد تخيـل الراعـي والراعية ببراعـة، لكن هذا النـوع مـن اللوحـات بالنسـبة لنا مثير للاهتمام فقط لقيمتـه التاريخية. في جوهره، ليس له رسـالة يقدمهـا لنـا. فـي هذه المرحلة من الفن، تتكشـف الرمزيـة كمبدأ مترابـط بيـن حياة الروح والحياة الموضوعيـة؛ أي كما أن رمز الكلمة هـو العملة التبادلية بين المفاهيم القديمة والحديثة، فكذلك المعنـى الرمـزي فـي الفن هو الوسـيط التبادلـي بين الحديث والقديم. ومـع ذلك، قبـل أن نطلق علـى فنـان كلمـة "رمزي"، يجب علينا أولاً أن نتوصل إلـى مفهوم واضح لقيمتها، فهـي كلمة نتعامل معها بتردد لأن معناها قد أصبح غامضاً بسـبب سـوء اسـتخدامها لدرجة أن عقولنا تخطر في بالها فوراً تلك المجموعة التي صُنفت على هذا النحو، ثم إلى القصيدة الغنائية السـاخرة للرجل "الذي يسـير في بيكاديللي حامـلاً زنبقة في يده من العصور الوسـطى"(106). لا يمكننا الحصول على صورة أوضح للرمزية في الفن من اسـتحضار تلك الفترة والمدرسـة التي أظهرتها بكل مظاهرها، لكنها لم تمتلـك جوهرهـا قط. على سـبيل المثال، حاولت الحركة ما قبل الرافائيلية إعادة خلق ما كان في الماضـي، بأسـلوبهم ونمطهـم، كما يحاول بعض الحداثيين البسـاطة الفجة التي لم تكن إلا سـمةً للبشـرية البدائية. يهتم الرمزي الحقيقي بحياة العالم الداخلي. ففي نظره، ليست ثقافات الإنسان المتغيرة سـوى تحولات يُركز عليها انتباهه. بينما يرى صاحب الأفكار - الفنان الموضوعي - أن كل حقبة وكل طور في تاريخ الإنسـان هو واقعٌ منفصلٌ ومتميز، وينشـغل بتصوير سطوح ومستويات

<hr>

102.   جون لويس أرنست ميسونييه، Jean-Louis-Ernest Meissonier: (1815- 1891م)، فنان فرنسي مشهور من القرن التاسع عشر، عُرف بدقته الاستثنائية في الرسم التاريخي والعسكري، لا سيما في تصوير المشاهد البطولية والحياة اليومية في القرنين الثامن عشر والتاسع عشر. من أشهر أعماله "حصار باريس، "The Siege of Paris، و"الحملة الفرنسية، "The Campaign of France.

103.   جان أنطوان واتو، Jean Antoine Watteau: (1684- 1721م)، أحد أشهر فناني الروكوكو الفرنسي، ومؤسس ما يُعرف بالرسم الفخار، Fête Galante، وهو أسلوب يصور حفلات النخبة الراقية في الطبيعة بأجواء رومانسية وحالمة. أشهر أعماله "الحج إلى سيثيرا، "Pilgrimage to Cythera. وسيثيرا جزيرة يونانية أسطورية ارتبطت بأفروديت (فينوس) إلهة الحب في الميثولوجيا الإغريقية.

104.   باولو فيرونيزي، Paolo Veronese: (1528- 1588م)، اسمه الحقيقي باولو كالياري، ولقبه فيرونيزي نسبة إلى مسقط رأسه فيرونا. وهو أحد عمالقة الرسم الفينيسي في عصر النهضة الإيطالية، اشتهر بلوحاته الضخمة المليئة بالألوان الزاهية والتفاصيل المعمارية الفخمة والمشاهد الاحتفالية التي تجمع بين المواضيع الدينية والأسطورية.

105.   الواقعيات الحسية المترفة، Voluptuous Realities: يشير هذا المصطلح في الفنون البصرية (الرسم، النحت، السينما...) إلى أعمال تبرز الجسد البشري بتركيز حسي مبالغ فيه. وكمثال لوحة "عرس قانا، The Wedding at Cana" لفيرونيزي المذكور أعلاه، وهي عبارة عن مشهد ديني مُحول إلى وليمة فينيسية مليئة بالألوان الغنية والتفاصيل الفاخرة والأجساد المثالية تبرز الجمال المادي والمتعة البصرية بثياب حريرية ومجوهرات ومائدة عامرة بالطعام، بمعنى آخر، جعلها قريبة من الواقع المترف لعصره.

106.   هو مقطع شعري ساخر من مسرحية "الصبر، "Patience عام 1881م، للمؤلفين جيلبرت وسوليفان، والتي تسخر من حركة الجمالية في العصر الفيكتوري.

التعبيـر الخارجـي عـن الحيـاة. إنـه فـي علاقـة دائمـة بالحاضـر؛ وليـس لديـه أي انتمـاء شخصـي بالحيـاة الروحيـة الواسـعة فـي الماضـي، ولا يمتلـك تصـوراً جنينيـاً [غيـر مكتمـل] للمسـتقبل. أمـا بالنسـبة للرمـزي الحقيقـي، فالحيـاة إعـادة خلـق دائمـة، وهـو يتحـرك فـي عالـم متحـرر مـن التقاليـد والقيـود. ليـس عليـه أن يحـاول الهـروب مـن قيـود الحاضـر بالبحـث عـن خبايـا وزخـارف الماضـي الغامـض. فهـو علـى اتصـال مباشـر بذلـك الماضـي، وبالتالـي، يصبـح المسـتقبل جـواً دائـم التدفـق والإشـراق؛ إنه متحد مع الأساسيات.

إذا دققنـا النظـر فـي أعمـال البدائييـن(107) الأوائـل، نـرى فـوراً مـدى تشـبّعهم بجوهـر الرمزيـة. فـي الواقـع، اهتمـوا اهتمامـاً بالغـاً بـروح الفكـرة لدرجـة أن طريقـة عرضهـا لـم تُثـر فيهـم اهتمامـاً يذكـر. لقـد غطـوا جـدران أسـيزي(108) رغبـةً منهـم فـي سـرد قصـة يسـوع ليعرفهـا الآخـرون ويسـتفيدوا منهـا. بالنسـبة لهـم، كان يسـوع حقيقـةً، وليـس قصـةً تُرسـم عنهـا لوحـة، وبالتالـي لـم يكـن لـدى غيرلاندايـو(109) أي اكتـراثٍ بمـا إذا كانـت النسـاء المرافقـات للعـذراء يرتديـن فسـاتين عصـره أم فسـاتين العصـور القديمـة. كنّ النسـاء اللواتـي يخدمـن العـذراء، ومـا أضفـى علـى كنيسـة سـانتا مـاريا نوفيـلا بريقهـا هـو قـوة الشـعور، المتصـوّر، المختبـر، المـدرك – ومـن ثـم إعـادة طرحـه. ومـع ذلـك، فـي أذهـان جماعـة مـا قبـل الرافائيليـة، رُسـمت هـذه الرؤيـة باجتهـاد بالـغ. إن انشـغالهم هـذا يُثبـت أنهـم كانـوا فنانيـن موضوعييـن انحرفـوا عـن مسـارهم الصحيـح. لـم يسـعوا وراء رؤيـة إنكلتـرا، التـي كانـت سـتُمثل تعبيرهـم الحقيقـي، إنكلتـرا العصـر الفيكتـوري العاطفيـة فـي عصرهـم، بـل حولـوا أنظارهـم نحـو إيطاليـا القديمـة، فأعماهـم غبـار القـرون التـي غطتهـا. وكانـت النتيجـة فنـاً سـردياً، وهـو تقليـد جميـل ومبتكـر لمصـدر الإلهـام، لكـن رمـوز الحـب والحـزن، والفـرح والألـم انغمسـت فـي تصـوف مُربـك. لأن مـا قبـل الرافائيليـة لـم يسـعوا وراء روحهـم الخاصـة، بـل إلـى روح أخـرى، لا إلـى المعنـى الكامـن فـي أعماقهـم، بـل إلـى المعنـى الكامـن فـي أبعـد مـا يمكـن - بـل كلمـا كان أبعـد، ازداد سـعيهم

107. الفنانون البدائيون مصطلح يشير إلى فناني العصور الوسطى، أو عصر النهضة المبكر الذين رسموا مشاهد دينية ببساطة تعبيرية، مثل جداريات الكنائس.

108. أسيزي، Assisi: مدينة تاريخية في منطقة أومبريا وسط إيطاليا، وتُعد من أهم الوجهات الدينية والثقافية في العالم. أدرجت ضمن مواقع اليونسكو للتراث العالمي عام 2000م. وعلى الأغلب الجدار المذكور هو أحد جدران كنيسة القديس فرنسيس، وهي جدران داخلية تغطيها لوحات جدارية تصور قصة حياة المسيح والقديس فرنسيس، وأشهرها جداريات الكنيسة العليا التي رسمها جيوتو ومساعدوه 1297- 1300م. مع العلم أنه يوجد جداريات أخرى في نفس المدينة، مثل جداريات كنيسة سانتا كيارا، ودير سان داميانو.

109. دومينيكو غيرلاندايو، Domenico Ghirlandaio: (1448- 1494م)، أحد عمالقة عصر النهضة الإيطالية المبكرة، ويُعد سيد الواقعية في عصر النهضة المبكر. اشتهر بلوحاته الجدارية الضخمة التي تجمع بين الواقعية الدقيقة والحياة اليومية في فلورنسا، مع مزجها بالمواضيع الدينية. مزج بين التقنيات الفلمنكية (الدقة) مع الإيطالية (الضخامة). وقد تدرب على يديه الشاب مايكل أنجلو لفترة قصيرة. وكان رفيقاً لليوناردو دافينشي في ورشة أندريا دل فيروكيو. اسمه الكامل كورادي دي دوفو بيكورني، ولقبه غيرلاندايو يعني صانع الأكاليل، جاء من حرفة عائلته الأولى حيث كانوا يصنعون إكليل الشعر الذهبي للنساء. من أشهر أعماله جداريات كنيسة ساسيتي (سانتا ترينيتا في فلورنسا).

إليه. لقد أعادوا الإنتاج بـدلاً من الإبداع، وقدموا لنا قصصاً جميلة، وصوراً جميلة، وأفكاراً جميلة - كل شـيء إلا ما لا يمكن إعادة إنتاجه، وهو روح عصرهم.

بانفصال الرمزي عن الفكري، ينفصل فن الشرق عن فن الغرب بشكل موجز. فبالنسبة للشرق، اللوتس زهرة، ولكنها أيضاً رمز للألوهية؛ أما بالنسبة للغرب، فهي زهرة تتطور إلى تصميم الأقنثة[110] وتكمـل الدائـرة، فتصبح زخرفة [حليـة زخرفية]، وهكذا دواليـك مجرد زهرة. كذلـك، تُعتبر الأرض والشـمس والبحر، وما هو فوق وما هو تحت، بالنسـبة للعقل الغربي مواداً دراسية ينبغي لمسـها وتمثيلها وفهمها واسـتيعابها. أما بالنسـبة للشرق، فيكفي أن تكون هذه الأشـياء موجودة وستبقى للأبـد، وأن وراء هـذه الحقائـق التي نتصورها ونعرفهـا، تكمن قوى وتجارب أخرى، شـموس أخرى، بحار أخرى، تذوب في بعضها البعض بشكل غامض كأوراق اللوتس.

عنـد هـذا الخـط الفاصل بين الشـرق والغرب، بين الرمزي والفكـري، يُقدم عمل جبران نفسـه كأنموذج آسـر في مفهومنا للرسم. لقد تقبل تقاليد الشكل والمعنى الباطني للفكرة، ويقدم عملاً جديداً ومنهجاً مختلفاً في التعامل مع الحقائق الأساسية. تمتزج فيه صفات الشـرق والغرب ببراعـة تعبيـر فريدة، فبينما هو رمزي بالمعنى الحقيقي للكلمة، لا يلتزم بالتعبير التقليدي، كما لو كان يبدع على طريقة الشـرق. ومع أنه يروي قصةً بدقة أي فنان ما قبل رافائيلي، إلا أنها تخلو من أي تضخيم للظروف التاريخية أو أي من مرافقات الملحقات الرمزية. في فنه، لا يوجد تعارض بين أن تسـود الفكرة على العاطفة، أو أن تهيمن العاطفة على الفكرة، فكلتهما متأصلتان لدرجة أننا لا ندرك سيطرة أحدهما على الأخرى. تتعايشان في انسجام، والنتيجة تعبيرٌ عن جمالٍ خالص يمتزج فيه الفكر والشعور على قدم المساواة. في هذا الدمج بين اتجاهين متعارضين، يتجاوز فن جبران صراعات المدارس ويتجاوز المفاهيم الراسخة للتقاليد الكلاسيكية أو الرومانسية. جمالٌ منير يلهم عملـه؛ فبالنسبة له، تصبح الفكرة جميلةً إذا كانت صادقـة؛ والعاطفة حقيقـة إذا كانـت حقيقية. يمتلـك جبـران قـدرةً فريدةً علـى فصل الجوهري عن الظاهر فـي عرض الجمـال والحقيقة. ويلتزم ببساطة الأسـلوب في تصوير فكرة تشبه روح البدائيين، وإن كان فن العصور قد صقل موهبته؛ لكنه في عباراته بسـيط، بسـيطٌ غريزيٌّ تقريباً. في الواقع، يمكن وصفه بالفنان الحدسـي - ذلك النوع من الفنانين الذين تشبه مشاعرهم عصا العرافة[111] التي تدل على عروق القيم الذهبية، والذين لا

<hr>

110. الأقنثة، Acanthus: أو الأكانثوس، وهو نبات متوسطي (اليونان، إيطاليا، تركيا...) ذو أوراق كبيرة مزخرفة ذات حواف مسننة، تشبه الشوك، لكنها ليست حادة. وهو يعتبر رمزاً للخلود والصمود في الثقافة اليونانية بسبب قدرته على النمو في التربة الصخرية. وظهرت أوراقه في تاج العمود الكورنثي في العمارة اليونانية. واستخدم بعدها في زخرفة المعابد والقصور والمخطوطات والعمارة الأموية والأندلسية.

111. عصا العرافة، Divining Rod: أو عصا المشعوذة، هي أداة تقليدية تستخدم لاكتشاف مصادر المياه الجوفية أو المعادن تحت الأرض عبر حركتها الغامضة (اهتزازها، أو انحناؤها) التي يُعتقد أنها ناتجة عن طاقة خفية. وعادة ما تكون على شكل حرف Y. واسمها الشائع في البلاد العربية القضيب المشوب. وورد تعريفه في علم الريافة (علم استنباط الماء من الأرض عند العرب): هو غصن شجرة بندق ذو ضلعين منفصلين متساويين ضخامة، وطول

يشوشون عقلهم بمفاهيم فكرية حول ما ينبغي أن يبدعه أو كيف ينبغي أن يُبدع. وبعد أن اتبع غريزته في البحث عن الحقيقة، يسخر الآن قواه الواعية لإتقان اكتشافاته ولخلق تعبيراته الجنينية [الغير مكتملة] في لوحاتٍ غاية في الجمال والقيمة. لا يحتاج إلا إلى ورقة صغيرة ليعطينا معنى "روح الأرض"[112]؛ نرى جسد امرأة ينبثق من الجسد الهائل للأم الكلية، تحمل بين ذراعيها رجلاً وامرأة. لم يرسم إلا رأس الأم المتفتحة بابتسامتها الغامضة فيما اعتدنا أن نعتبره رسماً. ها هي القصة، فسرها كما تشاء؛ إيردا[113] - أميدا[114] - سيريس[115] - مريم[116] - الاختيار مسألة وقت ومزاج. المعنى واحد، وجبران يتعامل مع الأساسيات.

ولكنه في تصوير الفكرة، يكون مخلصاً بدقة لإتقان تقنيته. وهكذا، يكون الجمال هو الحكم النهائي على مصير إنتاجه. فهو يُبدع بشعور حدسي ثم يشكل عمله في وحدةٍ مع قوة الفكر، ولكن هذين الدافعين يوجههما ويحرسهما حبٌّ عميق وتقدير للجمال، مما يمكنه من تصوير ما يريد قوله ببساطة وصدق قدر الإمكان. إن هذه الخاصية من البساطة الغريزية هي التي تجعل لوحاته قريبة جداً من فن النحت، لأن النحات، إلا في النحت البارز [النقوش النافرة]، لا يستطيع التعامل مع أي شيء آخر غير الفكرة الأساسية وجمال الشكل. في النحت، لا توجد ملحقات للخلفية، ولا تدرجات في قيم الألوان لجذب العين وصرف الذهن عن التفكير. وقليل جداً من الرسامين تمكنوا من التعبير عن أساسيات الحياة في الرسم. حاول دافنشي ذلك، لكن شغفه بالتفاصيل الدقيقة أغراه بالتخلي عن سعيه، وعبَّر تلاميذ مثل لويني[117] أو سودوما[118] عن هذه التفاصيل الدقيقة، لكنهم فشلوا في إدراك المعنى الباطني الذي دفع دافنشي إلى سعيه الدائم.

كل منهما يتراوح بين الثلاثين والأربعين سنتيمتراً، وأما الجذع الذي يتفرع عنه الضلعان فيجب أن يكون طوله سنتيمترين أو ثلاثة.

112. روح الأرض، Erdgeist: مصطلح ألماني، يرمز للطبيعة في أعنف حالاتها وأكثرها سحراً؛ قوة لا تُرى لكنها تحس، تُحيي وتُبيد في آن واحد. وإذا قرأت فاوست، ستجدها تجسيداً للجنون الإبداعي الذي يسكن كل فنان.

113. إيردا، Erda: إلهة الأرض والحكمة في الميثولوجيا النوردية، وأم الإله ثور (إله الرعد)، وهي أحد تجسيدات روح الأرض إيرد- غايست، التي ذكرناها في الحاشية السابقة.

114. أميدا، Amida: الأصل من البوذية اليابانية (مدرسة الأرض الطاهرة)، وبوذا أميدا هو بوذا الرحمة اللامتناهية، يُعتقد أنه يحكم الجنة الغربية (السلام الأعلى). ويدعى في اليابان باسم أميدا بورايدا. ورغم أنه ليس إلهة أنثى، لكنه يرمز للرحمة (شبه أمومية في بعض التقاليد).

115. سيريس، Ceres: إلهة الزراعة في الأساطير الرومانية، نظيرتها اليونانية ديميتر. ارتبطت بأسطورة ابنتها بروسيربينا التي اختطفت إلى العالم السفلي، مما تسبب في تعاقب الفصول.

116. مريم العذراء. ونلاحظ أن جميعهن يجسدن قوى أنثوية عليا مرتبطة بالخصوبة (سيرس وإيردا) وبالرحمة والحماية (أميدا ومريم). كما نلاحظ أيضاً أن إيردا وسيرس أسطوريتان، بينما مريم دينية، وأميدا روحانية بوذية.

117. برناردينو لويني، Bernardino Luini: (1480- 1532م)، أحد فناني عصر النهضة الإيطالية، تأثر بشدة بليوناردو دافنشي، فمزج بين الأناقة الدافنشية (الضوء الناعم والوجوه الغامضة) واللمسة الدينية العاطفية. من أشهر أعماله "سالومي برأس يوحنا المعمدان" الموجودة في متحف اللوفر، وهي تظهر تأثير دافنشي في استخدام الظل.

118. سودوما، Sodoma: اسمه الكامل جوفاني أنطونيو باتزي، Giovanni Antonio Bazzi، (1477- 1549م)، ولقبه سودوما يعني المجنون أو المخنث، أطلقه عليه خصومه. وذلك بسبب شخصيته المثيرة وحيواناته الأليفة مثل ابن آوى. من أشهر أعماله جداريات دير مونت أوليفتو في توسكانا، والتي تصور حياة القديس بنديكت.

فـن جبـران رمزي بكل ما تحملـه الكلمة من معنى، لأن جذوره تنبع من تلك الحقائق الأساسية التي تُعد جوهرية لكل العصور والتجارب. إنه يستشعر معنى الأرض ونتاجها؛ معنى الإنسان، الزهرة النهائيـة والكاملـة، ويعبر في جميع أعمالـه عـن الوحدة المترابطة بين الإنسان والطبيعة. يُظهر لنا الإنسان يتطور من الوحش في صراع مع قنطور [119] آخر؛ ويصور الأم المستلقية القرفصاء على قنطور يحمل الطفل بين ذراعيه - الطفل الذي تجاوزه بالفعل بخطوة، وهو تصور يشابه تصور نيتشه [120]. وفي لوحة أخرى، يُظهر لنا الإنسان يقود حصاناً، أو يُقاد بواسطة حصان، في حالة هياج مقدس.

تتمتع قنطوراته وخيوله بسحر يتجاوز طبيعتها بحيث لا تكون حيوانية تماماً في طبيعتها. لديهمـا نعمـة تذكرنـا بالتماثيـل الصينيـة للخيول، مـع فتحات أنوفهـا المربعة وحوافرهـا الرقيقة، حوافر تضرب الهواء بدلاً مـن الأرض وتدوس على العقل أروع صفات الحصان، سـرعته ورشاقته وقوته. لذلك عندمـا ننظر إلى هـذه القناطرة [121] فإننا نشـعر بالوحش الذي هو مع ذلك إنسـان ومرة أخرى بذلك الإنسان الذي هو حيوان ويجب أن يكون حيواناً؛ نصبح على دراية بهذا التطور الصاعد الذي هو في حد ذاته معجزة، على الرغم من وجود حاجز سـيمنع الإنسـان إلى الأبد من التشبث بالنجوم.

تشـير صورة الشـكل الطائر إلى الإندفاع الكاسـح للنصر المجنح، وطموح الإنسـان الأسمى؛ إنه رمزٌ للقوة الإلهية التي تدفع الإنسـان إلى الأبد إلى مسـتويات أعلى من التطور. كانت دراسة جسم الإنسـان أثناء الطيران مصدر إلهام لكل فنان تقريباً؛ في قصر دوكالي [122] في البندقية، على سـبيل المثـال، أدخل تينتوريتو [123] عدداً كبيراً من الأشكال الطائرة في لوحته السـقفية الكبيرة "البندقية ملكة البحر الأدرياتيكي" [124]. ولكن في جميع هذه الدراسـات، توجد بعض التشـوهات في الجسد

<hr>

119. القنطور، Centaur: مخلوق أسطوري يتكون جزؤه السفلي من جسم حصان، وجزؤه العلوي يشبه الإنسان. ظهر أولاً في الميثولوجيا الإغريقية، ثم انتشر في حضارات أخرى مثل الرومانية والفارسية. اشتهر منها "شيرون، Chiron" الذي علّم الأبطال مثل أخيل وهرقل. وظهر في لوحات بيكاسو كرمز للتوحش، كما استخدمه الشاعرالفرنسي موريس دي غيران كعنوان لقصيدته التي كان موضوعها الرئيس الصراع بين الطبيعة والحضارة والوجود الإنساني من خلال عيون هذا المخلوق الأسطوري. وقد ظهر القنطور في سبع عشرة لوحة من لوحات جبران، حيث استخدمه جبران رمزاً لطبيعة الإنسان المزدوجة: إحداهما بهيمية، والأخرى إلهية.

120. فريدريك فيلهيلم نيتشه، Friedrich Wilhelm Nietzsche: (1844- 1900م)، فيلسوف ألماني وناقد ثقافي وشاعر، يُعد أحد أكثر المفكرين تأثيراً في القرن التاسع عشر. أشهر أعماله "هكذا تكلم زرادشت".

121. قناطرة جمع كلمة قنطور، وهناك من جمعها جمعاً سالماً (قنطورون، قنطورين) أو قناطير. لكننا آثرنا جمعها هنا قناطرة.

122. قصر الدوقية، Palazzo Ducale: تحفة معمارية تروي تاريخ البندقية، يقع في ساحة سان ماركو. وكان مقر حكم دوق البندقية لقرون عديدة. تصميمه مزيج من القوطية وتأثيرات عصر النهضة، ويحوي الكثير من الكنوز الفنية والتاريخية.

123. جاكوبو روبوستي، Jacopo Robusti: (1518- 1594م)، اشتهر بلقب "تينتوريتو، Tintoretto" التي تعني الصباغ الصغير، نسبة إلى مهنة والده. وهو فنان البندقية المتمرد. من أشهر أعماله لوحة الجنة، Il Paeadiso، وهي أكبر لوحة زيتية في العالم، معلقة في قصر الدوقية، تصور مشهداً ملحمياً من يوم القيامة، وتحوي 500 شخصية.

124. على الأغلب اللوحة المقصودة هي "تأليه البندقية، Apotheosis of Venice"، وهي لوحة سقفية تظهر شخصية أنثوية تمثل البندقية، محاطة بملائكة طائرة. وهي تنسب لباولو فيرونيزي أو ورشة تينتوريتو الكبيرة.

البشري. هـذه الأشكال إما طموحـة للغاية أو متشنجة للغاية، بحيث يُذكر المرء بشكل مزعج بالإحسـاس العضلي للأذرع المتشنجة والساقين المخدرتين.

أمـا في كنيسـة السيسـتين(125)، فـإن اللوحات الأبويـة البطريركيـة العظيمة ليهوه وهو يخلق العالم(126)، ويقسـم مياه الأرض، أو يكتسـح الفضاء ليلمس إصبع آدم المستلقي، جميعها متوازنة وهادئة بشـكل لطيف لدرجة أنها لا تنقل شعوراً بالطيران عبر الفضاء فحسـب، بـل انطباعاً بثقل الفضاء نفسـه القادر على حمل هذه الأجسام المتحركة.

تُشبه دراسـات جبران للحركة دراسـات مايكل أنجلو(127)، إذ توصل إلى وحـدة الفكر والتصويـر. فهـو ليس مُتقنـاً للفكرة الرمزية التي يُعبر عنها فحسـب، بل إنه أتقن أيضاً فن مادته وسـيطر على خاماته. ولذلك، لا تربكنا المفاهيم الخاطئة عن الجسـد البشـري أو وجهات النظر الخاطئة. لوحاته في الغالب رسـومات مائية مخففـة(128)، ولا يتعاون قلمه مع فرشاته إلا في بعـض الأحيان لإيحاء الفكرة وإكمالها. مسـتوى لوحاته دقيق للغاية - مسـتوٍ يُوحي بمسـتوٍ آخر بأخف تـدرج، بحيـث يبدو في البدايـة وكأنه لا يوجد سـوى القليل من اللـون، ثم يأتي الإدراك المفاجئ أنه كله لون – لكنه منتشـر بشـكل غير محسـوس. في دراسـة أو اثنتين من الدراسـات، مثل الصـورة الكئيبة للرجـل ذي القبعة، تُضاف درجات حمراء وزرقاء أكثـر حيوية، ويظهر لون أزرق مُخضر، مُسـتمد بالكامل من الشـرق، يظهر باسـتمرار في دراسـاته لأنواع محددة. أما في أعمالـه التفسـيرية الأكثر عمقـاً، فإن تـدرج اللون دقيـق للغاية. يسـتخدم اللون ليكشـف عن شـكله، على عكس كثير من الرسـامين الذين يفقدون إحساسـهم بالشـكل في سعيهم وراء اللون؛ وهذا سـبب آخر يجعل لوحاته توحي بفن النحات.

يتجلى هذا الانطباع بوضوح في دراسـة رأس امرأة، وهي الرسـمة التي في صدر هذا الكتاب، وهـي لوحـة تُعد العرض الأكمل لفن جبران. الرأس مُلقى للخلف، ويبدو وكأنه يسـتقر على خلفية بيضـاء، وإن لـم تكـن بيضاء تمامـاً؛ إنه لون البحر من مسـافة لا نهائية، حيث لم يعد اللون لوناً بل مجـرد ضوء. الـرأس، الملقى على هذه الأرض المضيئة، محدد بدقة بالغة، لدرجة أن عروق الحلق

125. كنيسة السيستين، Sistine Chapel: أو كنيسة سيستينا، تحفة فنية ودينية في قلب الفاتيكان، داخل مجمع المتاحف البابوية بنيت بين 1477- 1481م. وهي مكان انعقاد المجمع المقدس لانتخاب البابوات، ومراسم دينية أخرى.
126. اللوحة المقصودة هي: لوحة خلق آدم، Creation of Adam، وهي أشهر لوحة في سلسلة لوحات خلق العالم، التي رسمها مايكل أنجلو على سقف كنيسة السيستين. وتظهر الله وهو يمنح الحياة لآدم عبر لمس إصبعه.
127. مايكل أنجلو دي لودوفيكو بوناروتي سيموني، Michelangelo di Lodovico Buonarroti Simoni: (1475- 1564م)، من أشهر فناني عصر النهضة الإيطالية، مارس النحت والرسم والعمارة، كما أنه كتب 300 قصيدة عن الحب والفن. ورغم أنه أعسر، إلا أنه تعلم استخدام كلتا اليدين بمهارة. من أشهر مقولاته عن النحت: "النحت موجود بالفعل في الحجر، أنا فقط أزيل الزائد منه".
128. رسومات مائية مخففة، Wash Drawing: تقنية فنية تستخدم ألواناً مائية مخففة، غالباً بالحبر أو الألوان المائيةـ لإنشاء تدرجات لونية ناعمة.

تكاد ترتجف، والشفتان الشاحبتان على وشك الحركة. وبينما ننظر إلى ملامحها الجميلة، وأنفها الحساس المقوس، وفمها الرقيق الرحيم، يبدو كما لو أن رأس هذه المرأة قد خرج من تلك المياه العميقة التي نسميها بحر الذاكرة، وكأن "أرواحنا تُبصر ذلك البحر الخالد الذي أتينا منه"(129). هناك القليل من الرسم كما اعتدنا أن نتصور أنه رسم، لكن اللوحة مصممة بالألوان، وهي أقرب إلى تأويل نحات يسعى عادةً إلى الحرية الأكبر التي تُولدها المادة الأكبر. ذلك الشيء المتدفق الذي وحده يجعل الأرض شيئاً آخر ليس مجرد قطعة من الحجر، وهو يتجلى في معظم أعماله. إنه روح النحت الحقيقية، وهو لا يُعبر عنها إلا في شكلٍ مشابه.

جبران مُفسر "للسماوات في الأعلى والأرض في الأسفل"(130). يستذكر، كذكرى عابرة، معنى الغيوم العظيمة التي اجتاحت كسرب من طيور النورس العاصفة أمام أعين الإنسان البدائي المذهول، ولكنه بالمثل سبر أغوار هاوية العذاب التي تنحدر إليها الروح خلال صلب نموها. فجبران ليس مهتماً فقط بقصة الإنسان، بل بتاريخ الحياة؛ فهو لا يقتصر على تصويرها، بل يشارك في صراعها. إنه مدفوع بتلك القوة الكامنة وراء كل شيء حي وغير حي - تلك القوة التي تنتج وتدمر وتعيد الخلق بنفس الشدة، ونفس الغرض، ودائماً في عينيه، بنفس تتابع الجمال.

في ذلك يكمن السبب في أن أعماله اليوم تتميز باضطرابها وتجميعها على الرغم من بساطتها الحدسية في استخدام المواد الرمزية من الماضي. إنها اليوم لأننا نسعى إلى غرس معنى جديد في الحياة يمكننا من خلاله قبول المرارة من أجل الحصول على الحلاوة؛ نحن نسعى إلى التواصل مع الرموز القديمة، وعلى الرغم من أن المفاهيم التي يصورها جبران قديمة قدم كرونوس(131)، إلا أنها أيضاً حديثة كروح التفسير في عصرنا. ينبثق فنه من الماضي، لكنه يناشد ويجذب عقول اليوم المفكرة، وهو يبشر بنزعة تجاه العمل الإبداعي للمستقبل.

تُظهر ثلاثية الصلب(132) في هذه السلسلة من الرسومات، في آنٍ واحد، كيف يمكن استخدام رمز المسيح بين اللصين للتعبير عن المفهوم الديني والأسطوري الكامل، كما استخدمه الفنانون

129.   العبارة مأخوذة من قصيدة للشاعر الإنكليزي ويليام وردزورث، عنوانها: "قصيدة غنائية، ومضات من الخلود مستمدة من ذكريات الطفولة، Ode Intimations of Immortality from Recollections of Early "Childhood، يتأمل فيها الشاعر الطفولة كحالة من النقاء المتصل بالله أو بالطبيعة.

130.   الكتاب المقدس، الآية (يشوع 2: 11)، ونصها الكامل:"سمعنا فذابت قلوبنا، ولم تبق بعد روح في إنسان بسببكم. لأن الرب إلهكم هو الله في السماء من فوق وعلى الأرض من تحت. كما وردت في نصوص أقدم، مثل النصوص الأوغاريتية القديمة 1400 ق.م. في لوح اكتشف في رأس شمرة بسوريا: "السموات العليا والأرضين السفلى". وفي أدب بلاد الرافدين، في ملحمة جلجامش، اللوح الأول: بينما كانت الآلهة في السماوات العالية والبشر على الأرض السفلى".

131.   كرونوس، Cronos/ Cronus/ Kronos: أهم آلهات الميثولوجيا الإغريقية، إله الزمن والزراعة، ويُعتبر تجسيداً للزمن والقدر. يصور كرجل عجوز يحمل منجلاً أو ساعة زمنية.

132.   ثلاثية الصلب، Triptych of the Crucifixion: عمل فني مقسم إلى ثلاثة أجزاء يصور المسيح مصلوباً بين لصين، وهو أنموذج شائع في الفن المسيحي.

البدائيون في لوحة جدارية كبيرة، وكيف يمكن نقل الفكرة ذاتها على ورقة صغيرة من قِبل فنان يفهم المعنى الباطني ويستطيع طرحها كتمثيل لصراع كل كائن واعٍ بذاته. في هذه الرسمة، يرتكز رجل على كتفي رفيقيه. لا توجد أي ملحقات دينية، سواءً من هالة أو وصمة عار أو ندبة، لربط المفهوم أو تحديد موقعه، ومع ذلك تُصور قصة الصلب بكاملها.

في هذه البساطة المطلقة للفكرة والوحي الحدسي، إلى جانب إدراك غريزي لجمال الشكل، يبلغ جبران ذروة قدراته ويحظى باحترامٍ يليق بهذا العمل الكلاسيكي. ففي خضم الطوفان الذي اجتاح عالمنا الفني، عندما يصطدم التكعيبيون (133) بالدواميون (134)، ويغرق كلاهما في غمرة الأورفيين (135) - عندما تنشأ المدرسة والنمط، ويتهاويان بسرعة في سعيهما وراء الجديد، ويسعى العصر إلى صورة لروحه في تقليد بربري للهمجية الأصيلة، من المتعذر أن نلتقي بفنان يحقق ذاته في عمله بعيداً عن لغو أي من الأساليب الحديثة. لم يذهب جبران إلى بلاد غريبة لدراسة الجديد، بل سلك درب الخالق المتأمل الصامت، وأخرج من أعماقه هذه الحقائق الأزلية لتاريخ الحياة الباطينية للإنسان. لقد أعاد خلق التجسد الرمزي للأم الكلية (136) - لقد تنبأ برغبة البشرية المتلاطمة، وكشف عن قصة الآلام (137) وأعاد سردها. في الكشف الشعري عن هذه المفاهيم النفسية للإنسانية، يُظهر جبران عالماً من الجمال الباهر والمطلق لفناني أميركا الشباب الذين اختار أن يشاركهم حياتهم. إنه يُعبر عن الأشكال الشاسعة واللامتناهية للماضي المتدفق دائماً، ويُظهر لنا كيف يمكن لهذه الذكريات الخالدة أن تُحفز فن المستقبل.

فقط بقبول هذا التاريخ العرقي المتنوع بلا حدود كجزءٍ حي من الحاضر، ستُهيئ أميركا نفسها لنهضة الفنون الحتمية، وبصفته رائداً لهذه النهضة، وكسابق لهذه النهضة، سيحتل جبران مكانةً

---

133. التكعيبيون، Cubists: حركة ظهرت في باريس على يد بابلو بيكاسو وجورج براك، 1907- 1914م. فكرتها الأساسية تحطيم المنظور التقليدي عبر تصوير الأشياء من زوايا متعددة في وقت واحد. واستخدمت الأشكال المجردة (مكعبات، أسطوانات...)، وألواناً محايدة (بني، رمادي، أخضر....).

134. الدواميون، Vorticists: حركة بريطانية بقيادة ويندهام لويس، 1914- 1918م، متأثرة بالتكعيبية والمستقبلية. فكرتها الأساسية تمجيد الطاقة الميكانيكية والعنف الحضاري عبر أشكال دوامة. ألوانها صارخة (أحمر، أسود، أبيض...)، وخطوطها حادة وزواياها ديناميكية، وهي مزج بين التجريد والرمزية الحضرية.

135. الأورفيين، Orphists: حركة ظهرت في باريس على يد روبرت ديلوناي وسونيا ديلوناي، 1912م- وتلاشت بعد الحرب العالمية الأولى. أطلق عليها الناقد غيوم أبولينير اسم "الأورفية" تيمناً بأرفيوس، مغني الأساطير الإغريقية، لارتباطها بالإيقاع والتجريد. رفضوا التكعيبية البنيوية، واعتمدوا على تدرجات لونية صافية (مثل قوس قزح)، وأشكال دائرية متداخلة تحاكي حركة الضوء. وكان هدفهم تحويل اللوحة إلى سمفونية لونية تثير المشاعر كما تفعل الموسيقا.

136. الأم الكلية، أو الأم الكبرى، All-Mother: رمز أسطوري للأرض أو الطبيعة، مثل غايا في الميثولوجيا الإغريقية، أو عشتروت في الميثولوجيا الفينيقية.

137. لا تدل على آلام المسيح فقط، بل على معاناة الإنسان الكونية، كما في كتابه: "يسوع ابن الإنسان".

مشـابهةً للمكانـة التـي احتلهـا كلاً مـن جيوتو[138] وغيرلانـدايو فيمـا يتعلق بالعصر الذهبـي الإيطالي. لقد أظهر رسـامو عصر النهضة للعالم أن الإنسان يمكن تصويره كما لو كان مقدساً. لكن بالنسـبة لمن سبقوا عصر النهضة، لم تكن عبارة "كما لو كان مقدساً" موجودة بالنسبة لهم - كما هو الحال بالنسـبة لجبران - الحياة البشـرية مقدسة. يعكس الجسـد الروح ويمثلها، وينبثق الفن من التفاعل بين العالم الداخلي والخارجي.

مـن الحقائـق الثابتة أننا، في الرسـم كما في الشـعر، نقف اليوم على أطراف أصابعنا، نترقب اندمـاج اتحـاد أوثق بين العالم القديم والجديد. لم نعد مقيدين بمفاهيم نيو إنكلاند للشـعر من جهـة[139]، وبالتمثيلات شـبه المأسـاوية المتنوعـة لآخر الموهيـكان[140] كتعبير أساسـي عن الفن الأميركـي مـن جهـة أخرى. في انتظار نهضة عالمية قادمـة، يمكننا نحن في أميركا أن ندرس أولئك الذين هم روادها.

لأن جبران ينتمي إلى تلك المجموعة من الفنانين الذين تبشـر رسالتهم دائماً بحقبة انتقالية، ويتحدى صوتهم الحاضر باستعادة تقييم معاييره.

ثمة تقليد عريق لدرجة أن أصله ضاع في غياهب العصور القديمة حيث يُشاد به كرمز لسلفنا المشـترك آدم. علامتـه تعنـي "حيثمـا شـاءت روح العالـم"[141]. مـن الماضي السـحيق - الذي أضاء الشـرق، ولمـس بدوره اليونان وإيطاليا وفلاندرز وألمانيا وفرنسـا وإسـبانيا - مـرت الروح الإبداعية العظيمـة فـي عالـم الفن؛ مـاذا لو كانت هذه الـروح المضيئة نفسـها تقتـرب بدورها من شـواطئنا، بشـرط أن نكون متقبلين بما يكفي لفهم رسـالتها الأساسية واستيعابها.

---

138. جيوتو دي بوندوني، Giotto di Bondone: (1267- 1337م)، أبو الفن الحديث، والأب الروحي لعصر النهضة. كسر تقاليد الفن البيزنطي، وأدخل الواقعية والعاطفة في الرسم. وهو أول من استخدم المنظور البدائي والضوء والظل لخلق عمق ثلاثي الأبعاد. من أشهر أعماله جداريات كنيسة سكروفيني في بادوفا بإيطاليا. وصفه جورجيو فاساري: "جيوتو لم يرسم الأشخاص، بل رسم أرواحاً بأجساد".
139. إشارة إلى التقليد الأدبي المحافظ في شمال شرق أميركا، مثل شعراء القرن التاسع عشر: رالف والدو إيمرسون، وهنري ديفيد ثورو، وإيميلي ديكنسون... الشكل التقليدي كان باستخدام الأوزان الشعرية الكلاسيكية مثل السوناتة بدلاً من الانزياحات الحداثية. والفصل بين الشعر الراقي والحياة اليومية.
140. آخر الموهيكان: رواية جيمس فينيمور كوبر، عام 1828م، التي صورت الهوية الأميركية عبر الصراع مع السكان الأصليين.
141. وردت العبارة في النص باللغة اللاتينية "Dum voluit spiritus Mundi"، وربما يُقصد بها أن الإبداع الفني ينتقل عبر الحضارات كقوة كونية.

اللوحات

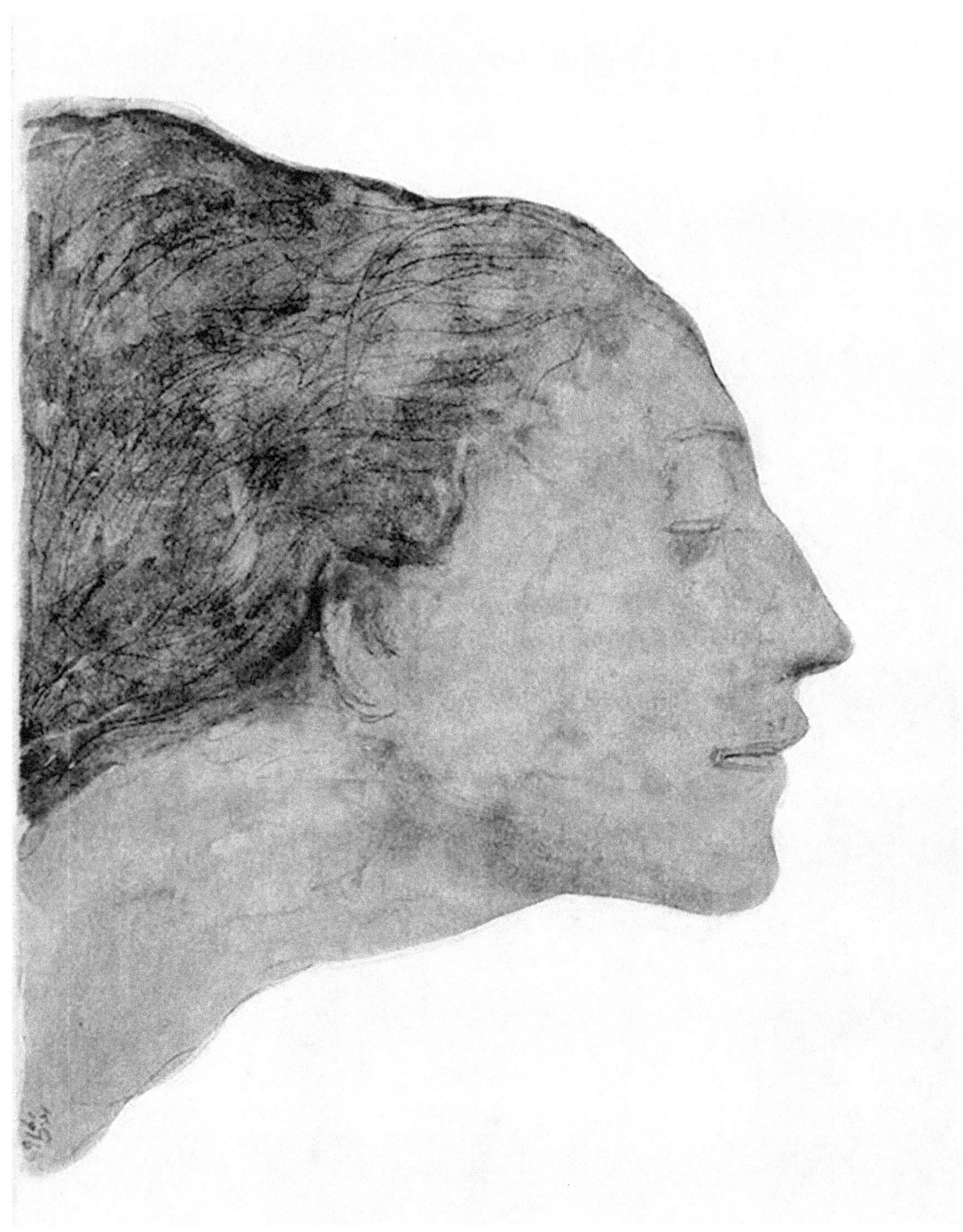

Towards the Infinite، نحو اللانهاية

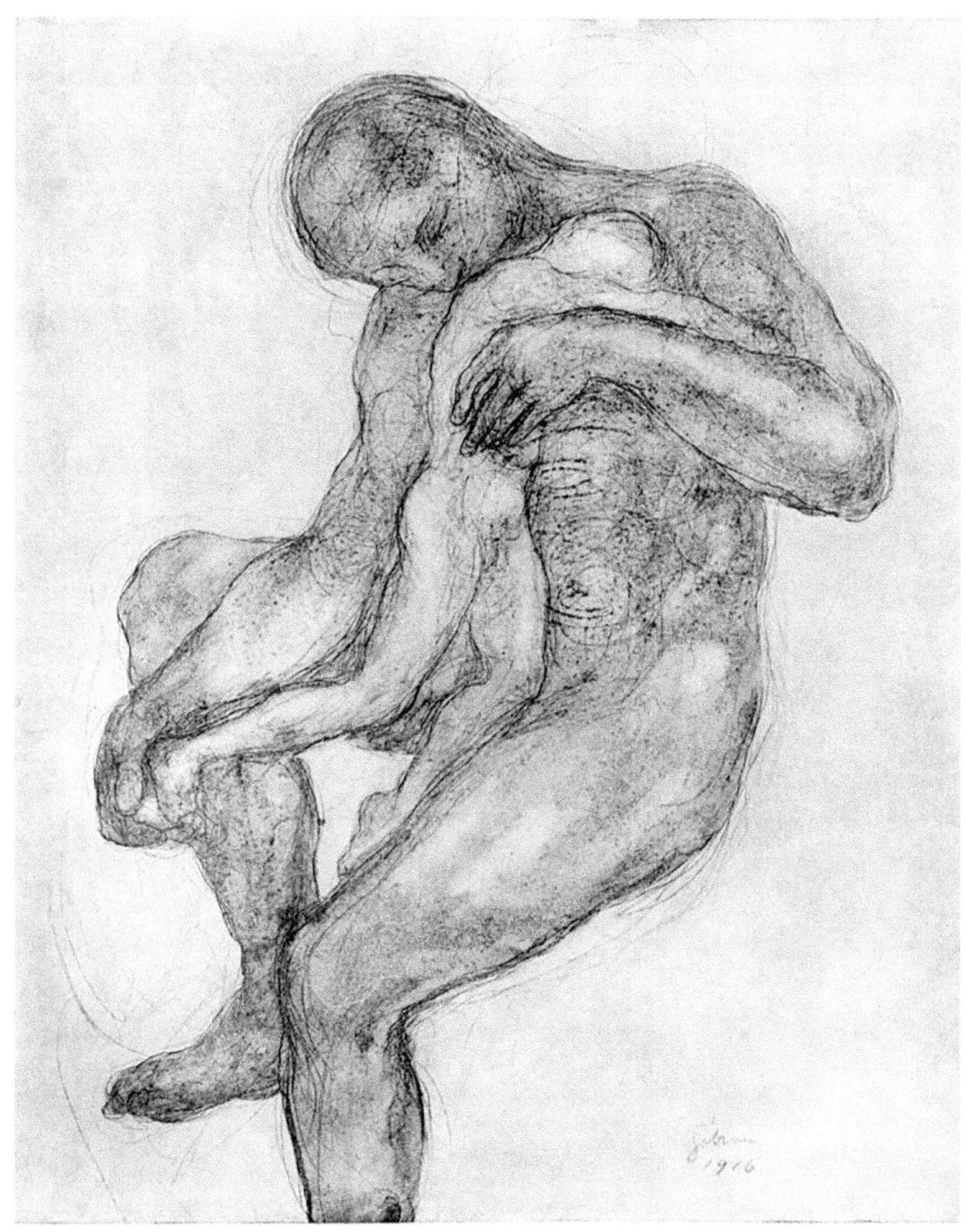

The Greater Self، الذات الكبرى

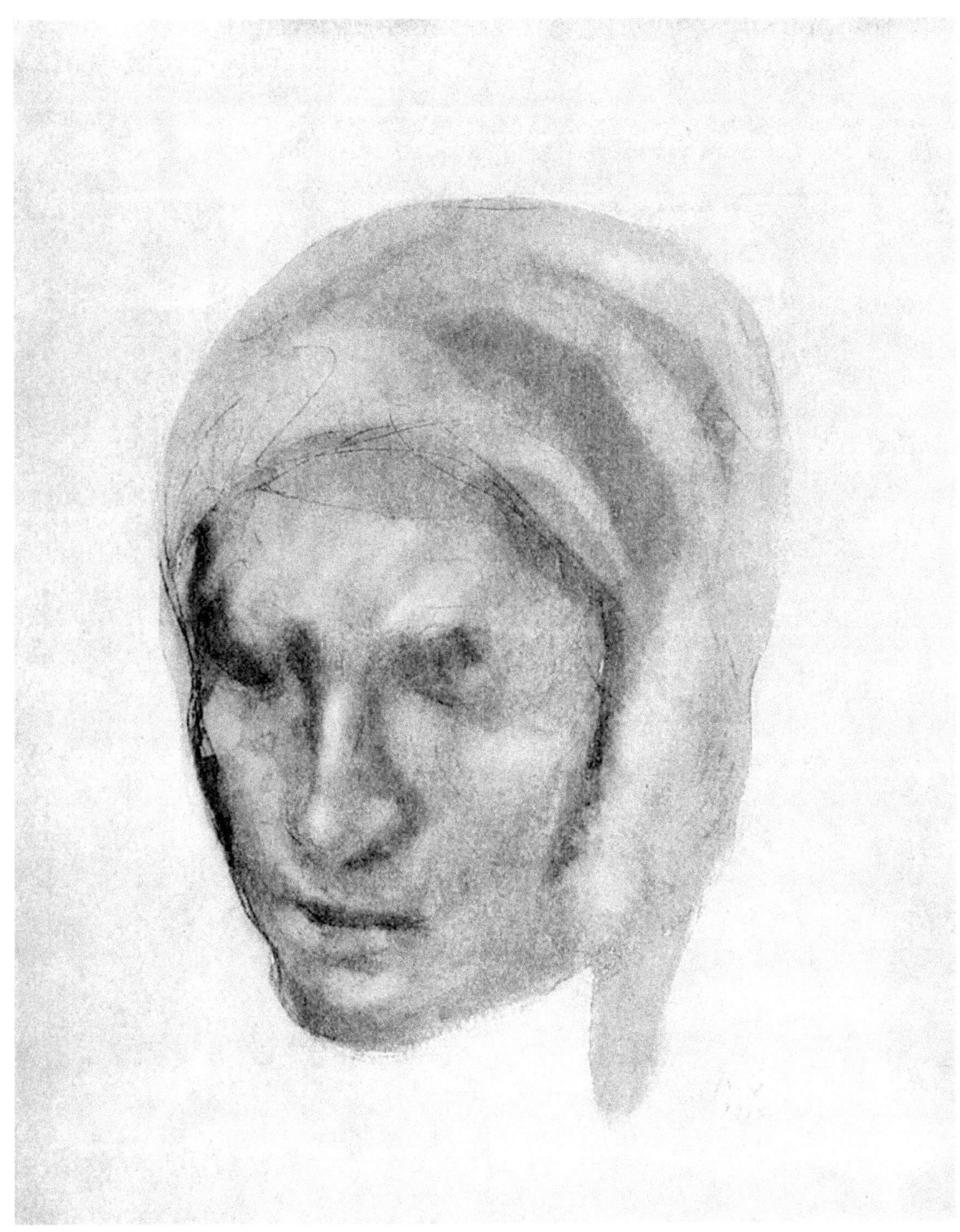

الأعمى، The Blind

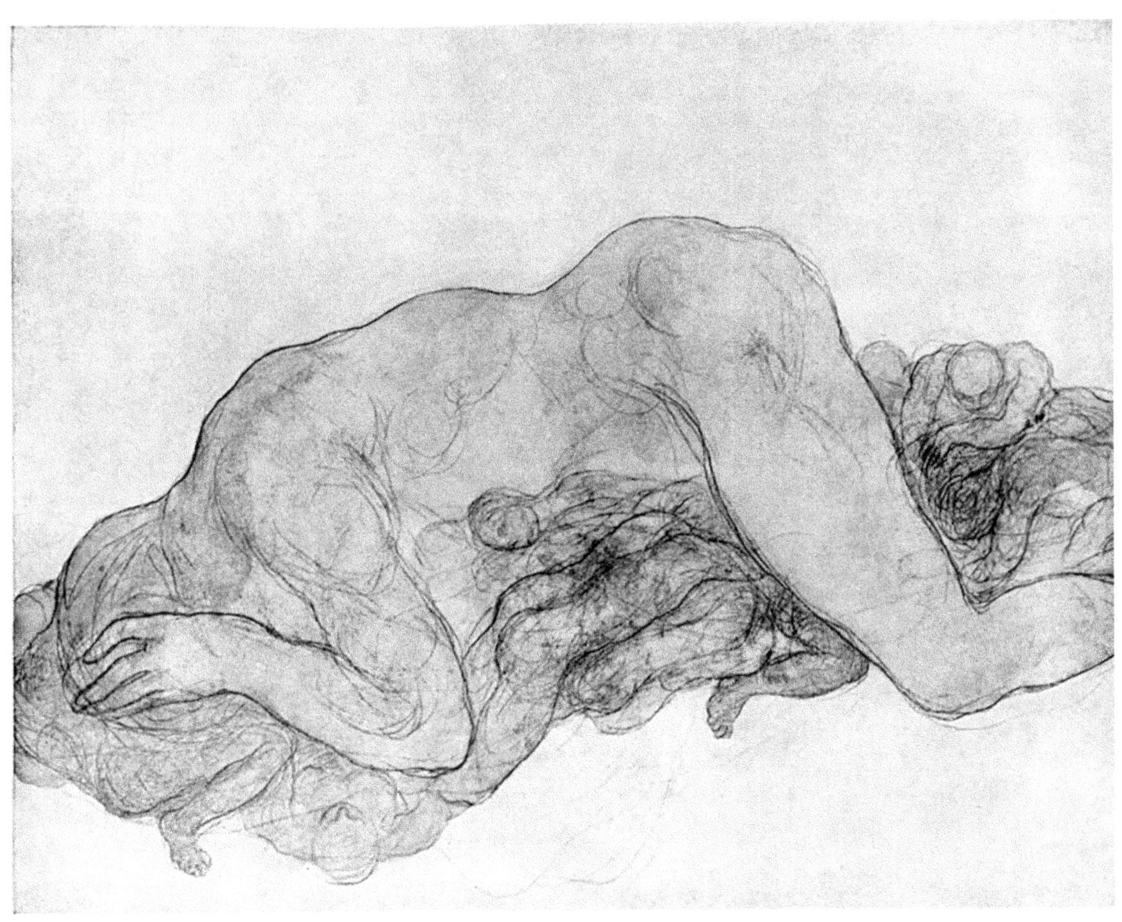

The Mountain، الجبل

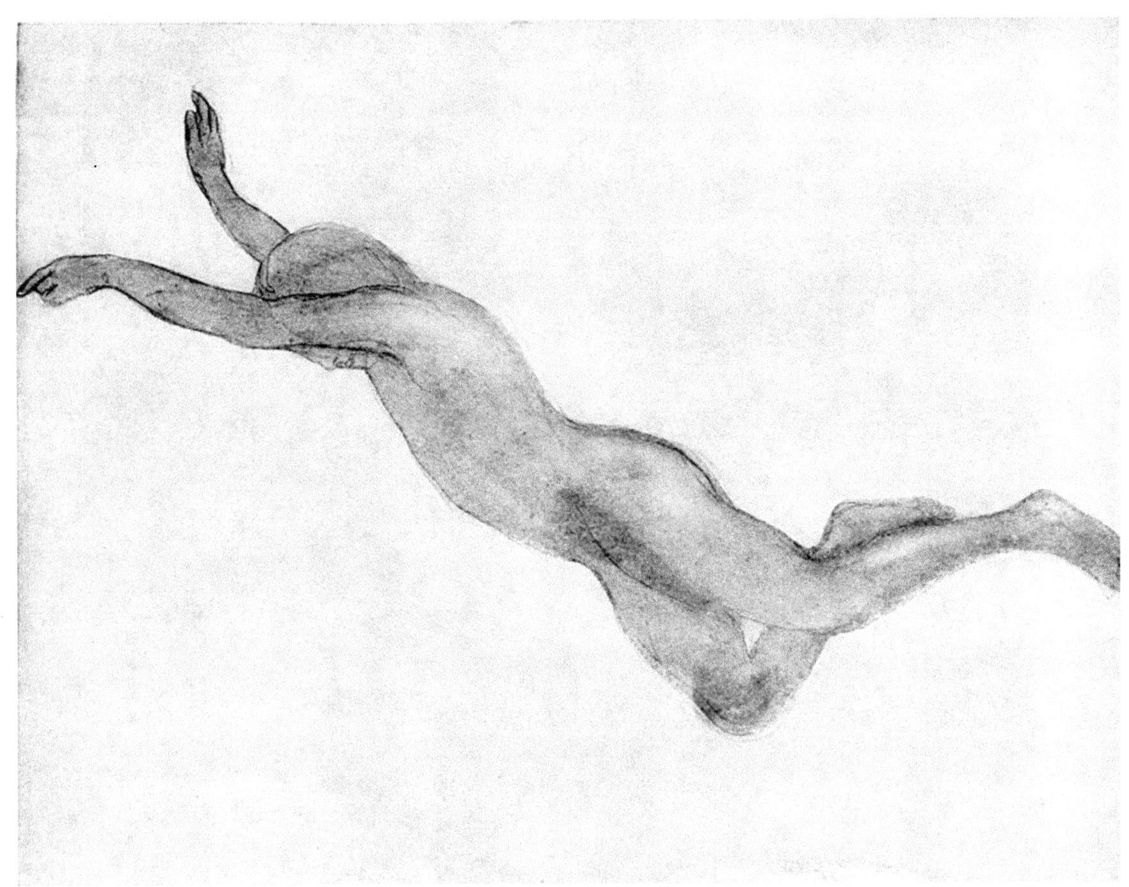

طيران، Flight

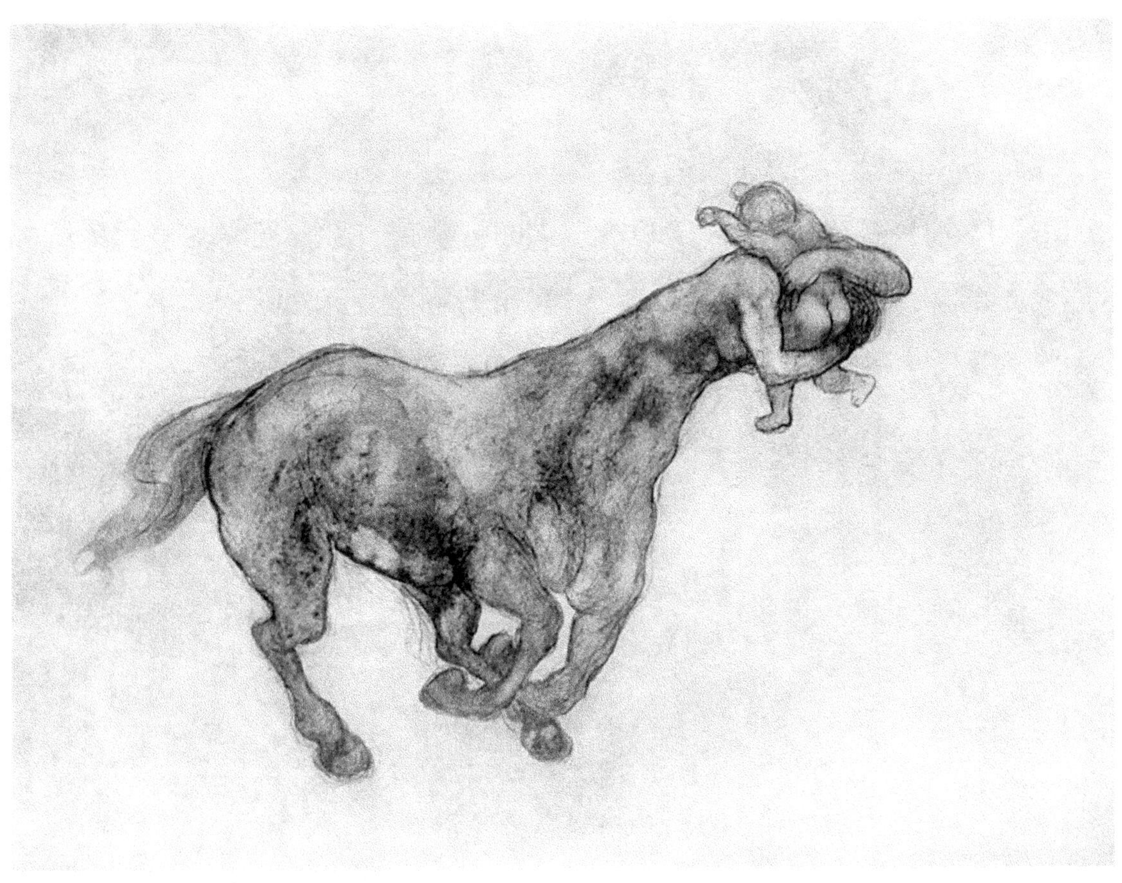

Centaur and Child، القنطور والطفل

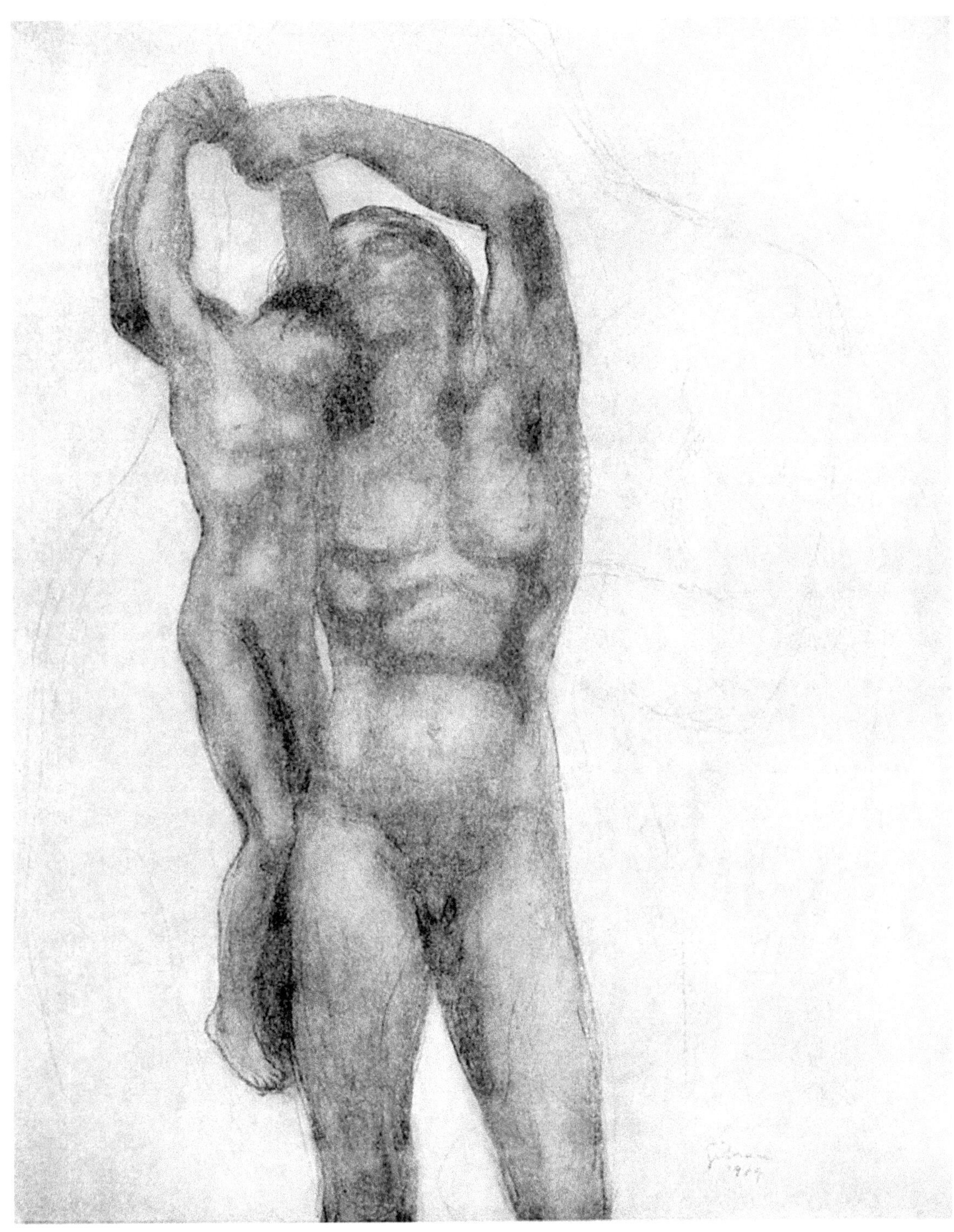

نهوض، Uplifted

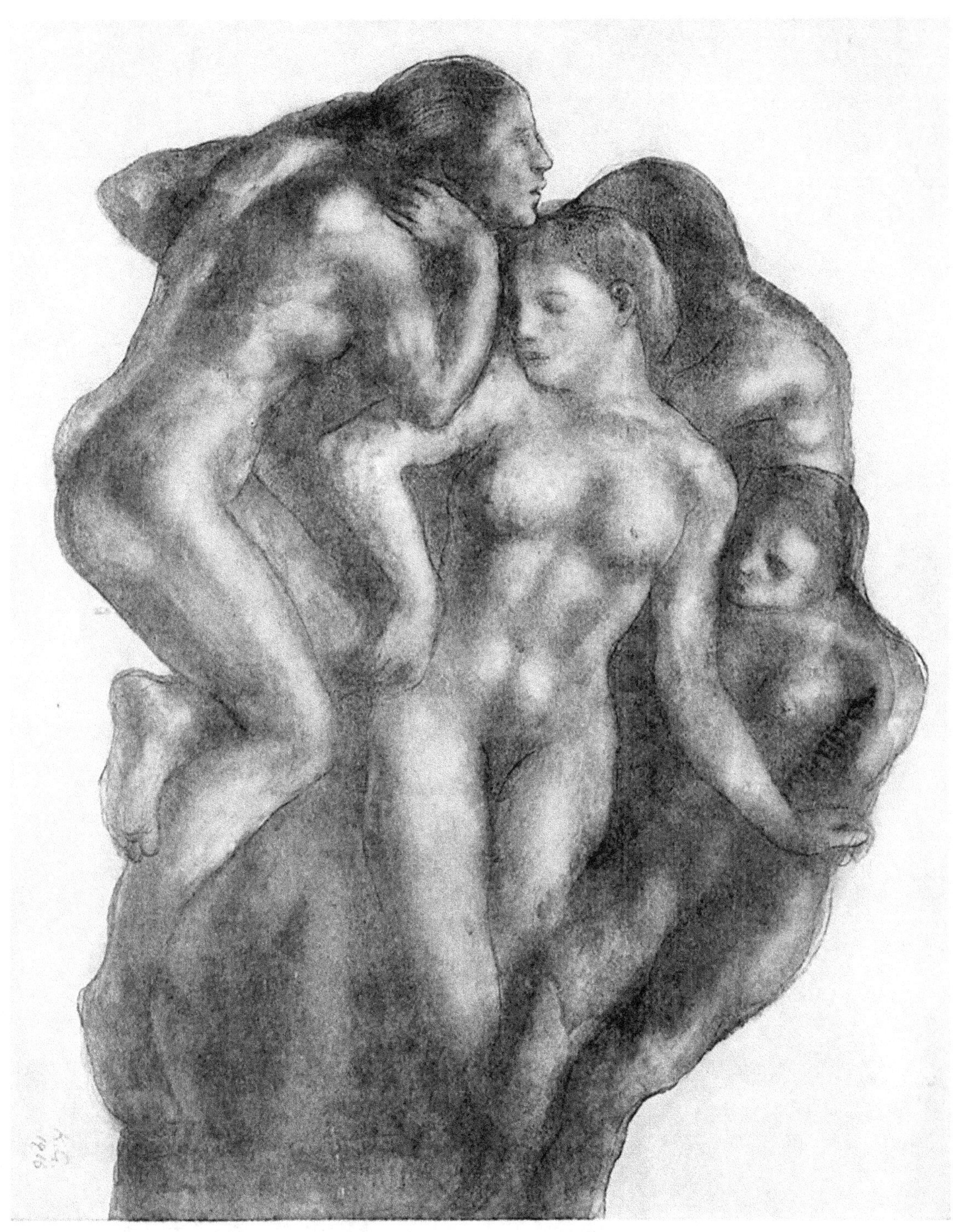

The Rock، الصخرة

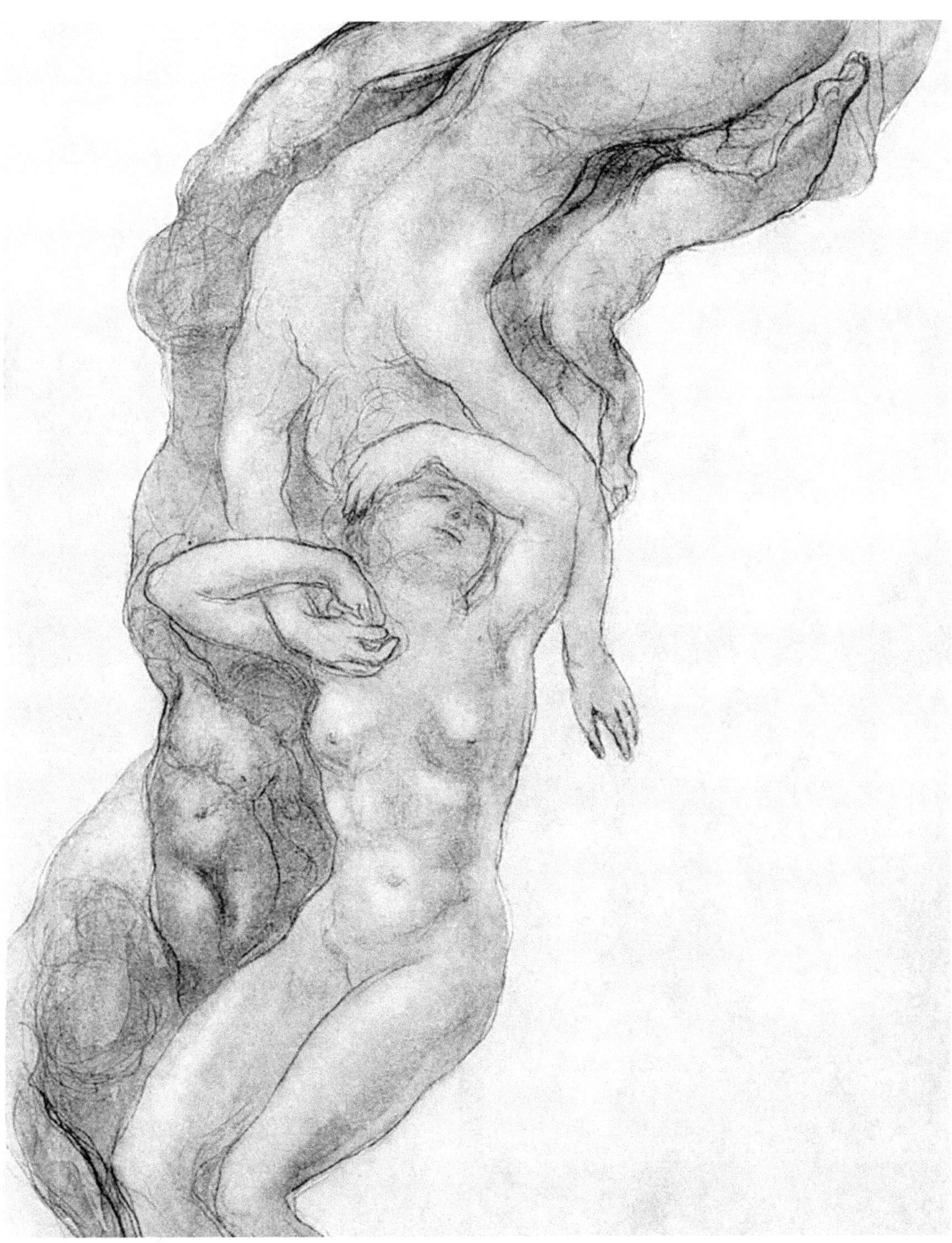

The Waterfall ،الشلال

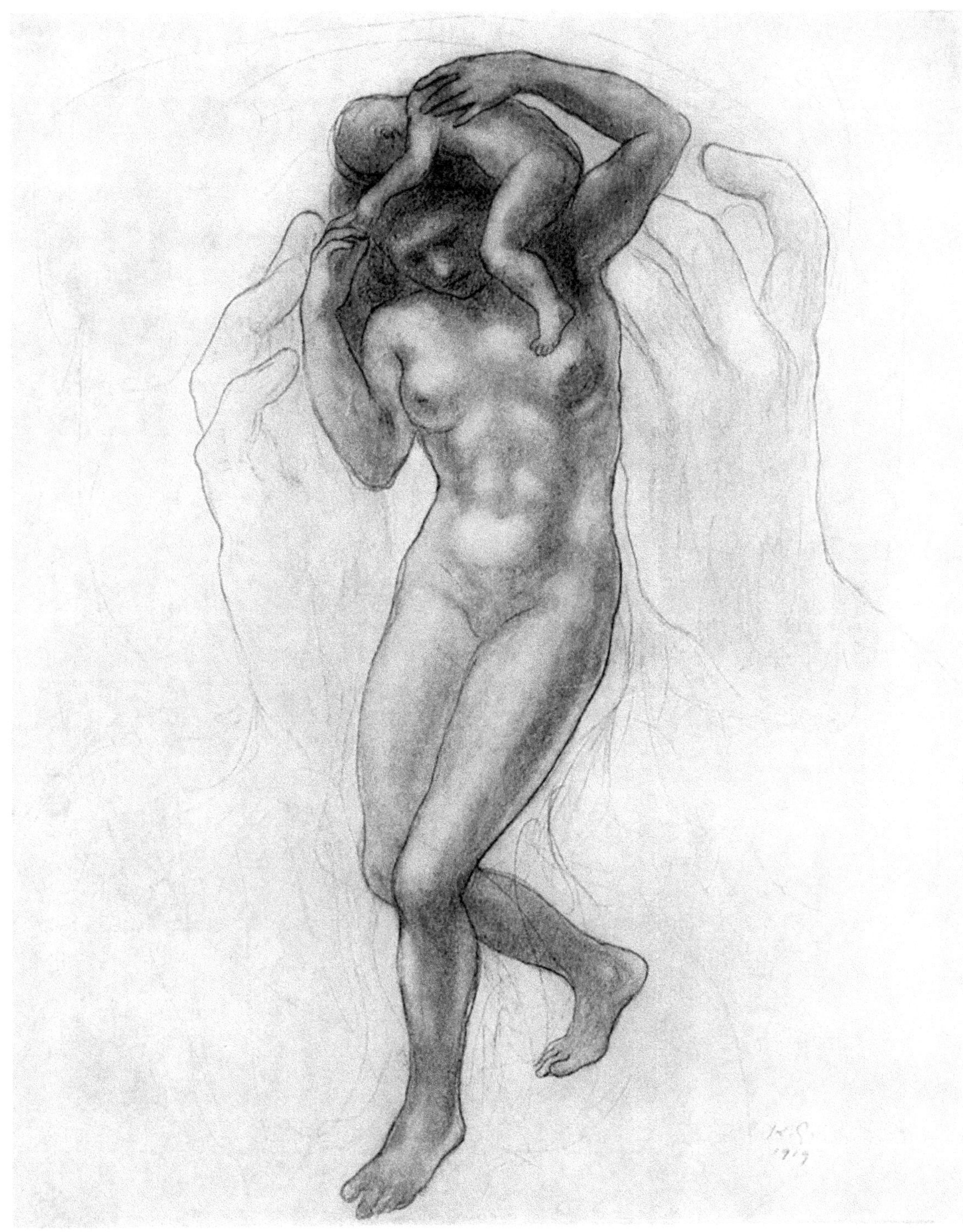

The Burden، العبء

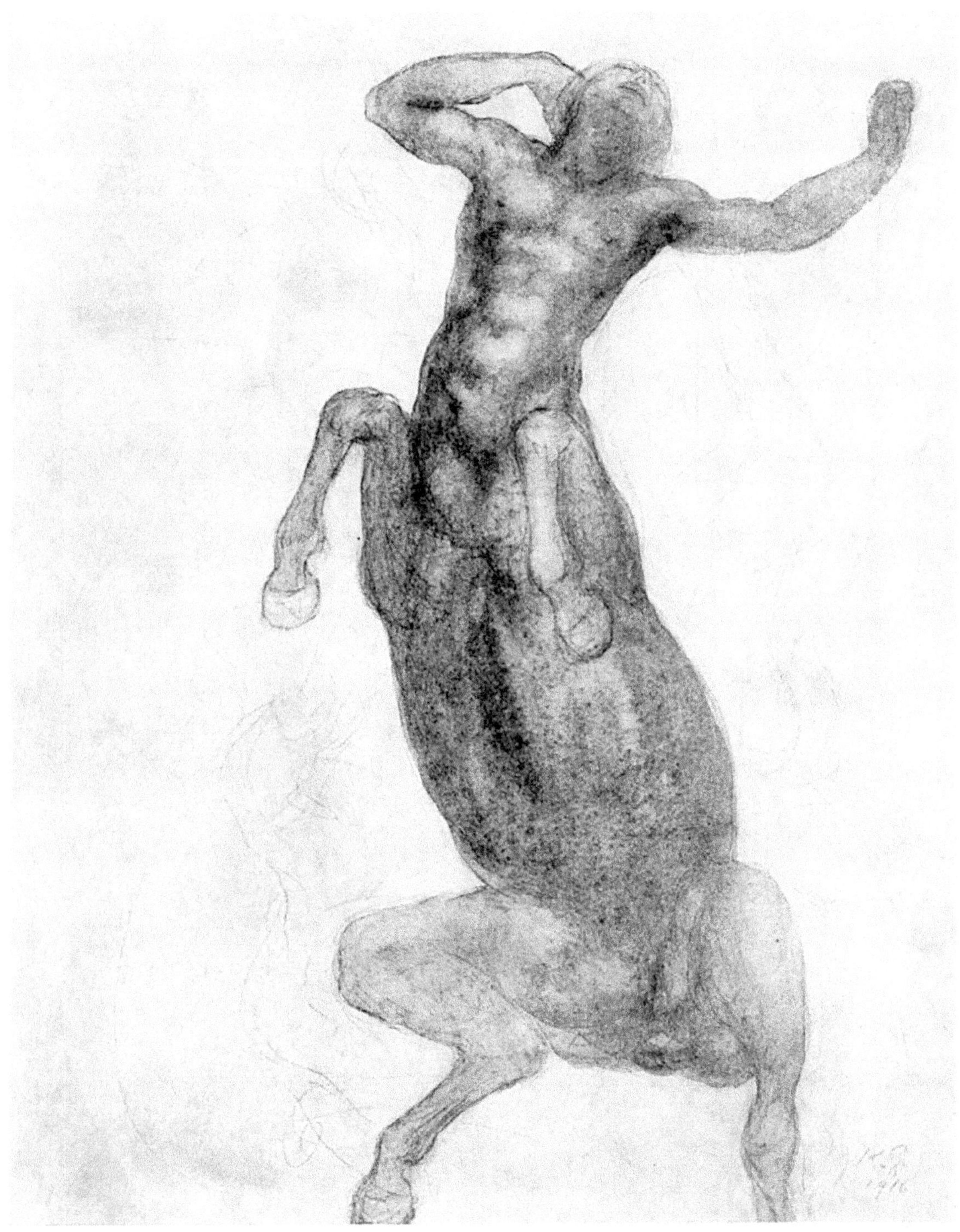

The Great Longing ،التوق الكبير

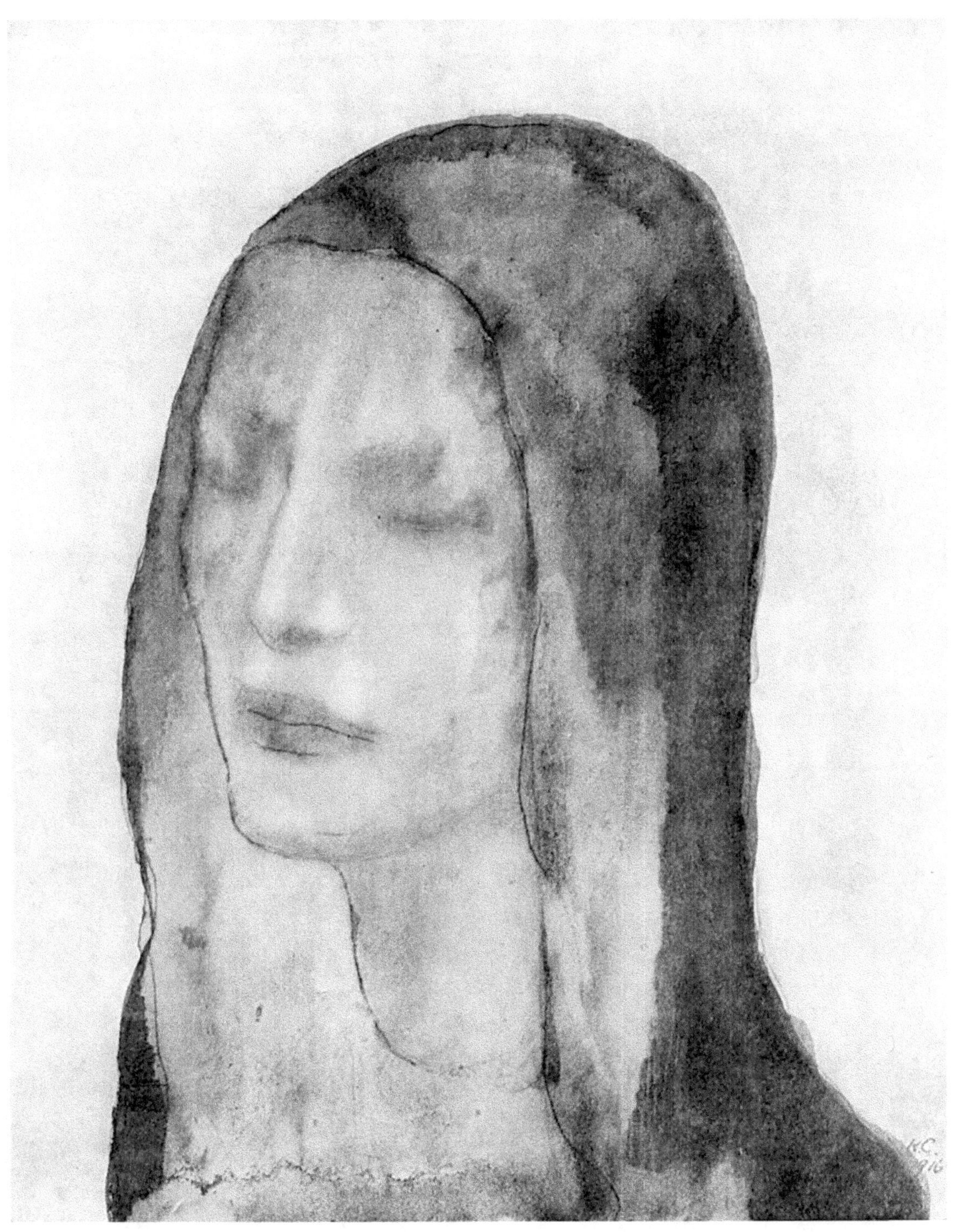

وجه ذو خمار، Veiled Face

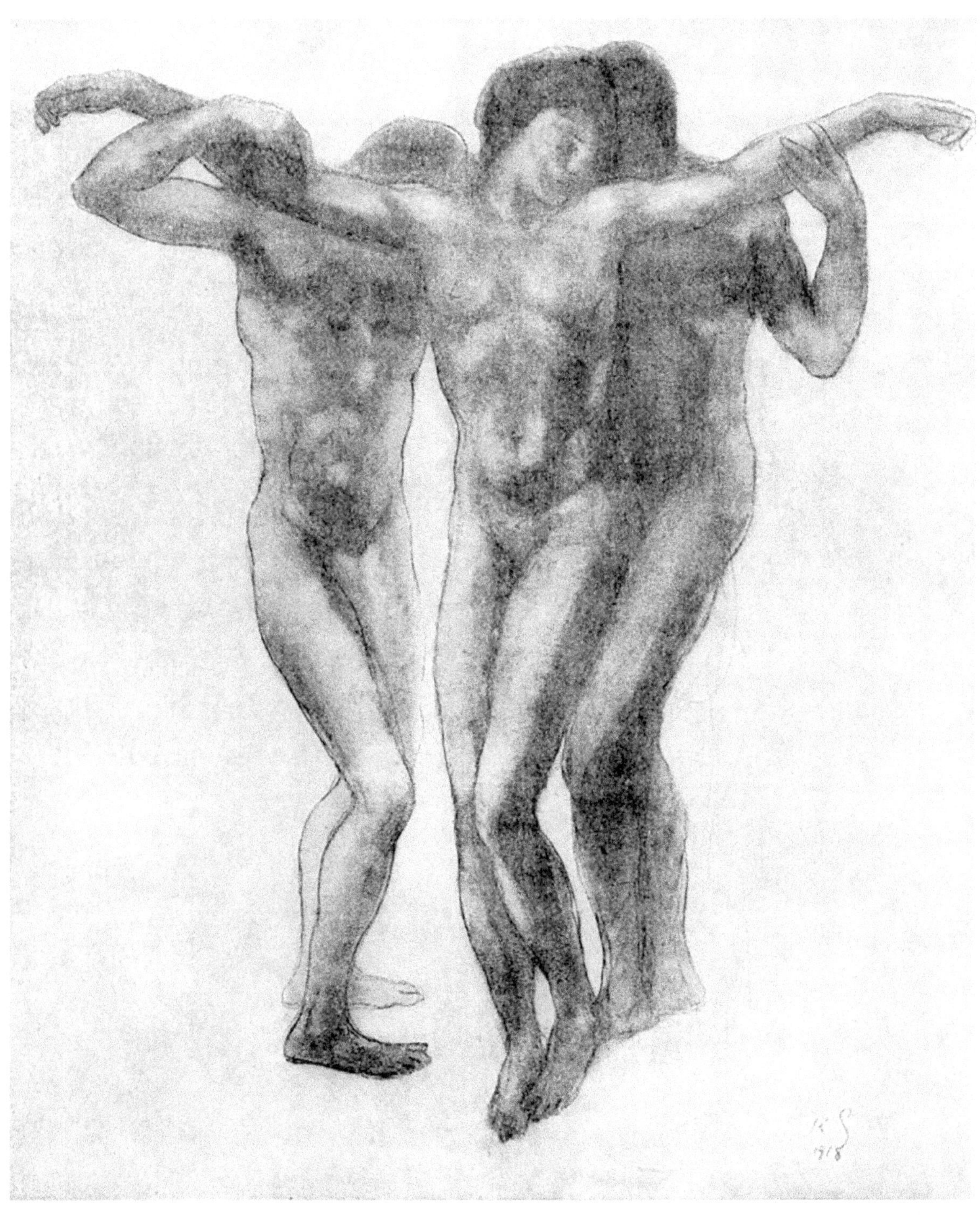

مصلوب، Crucified

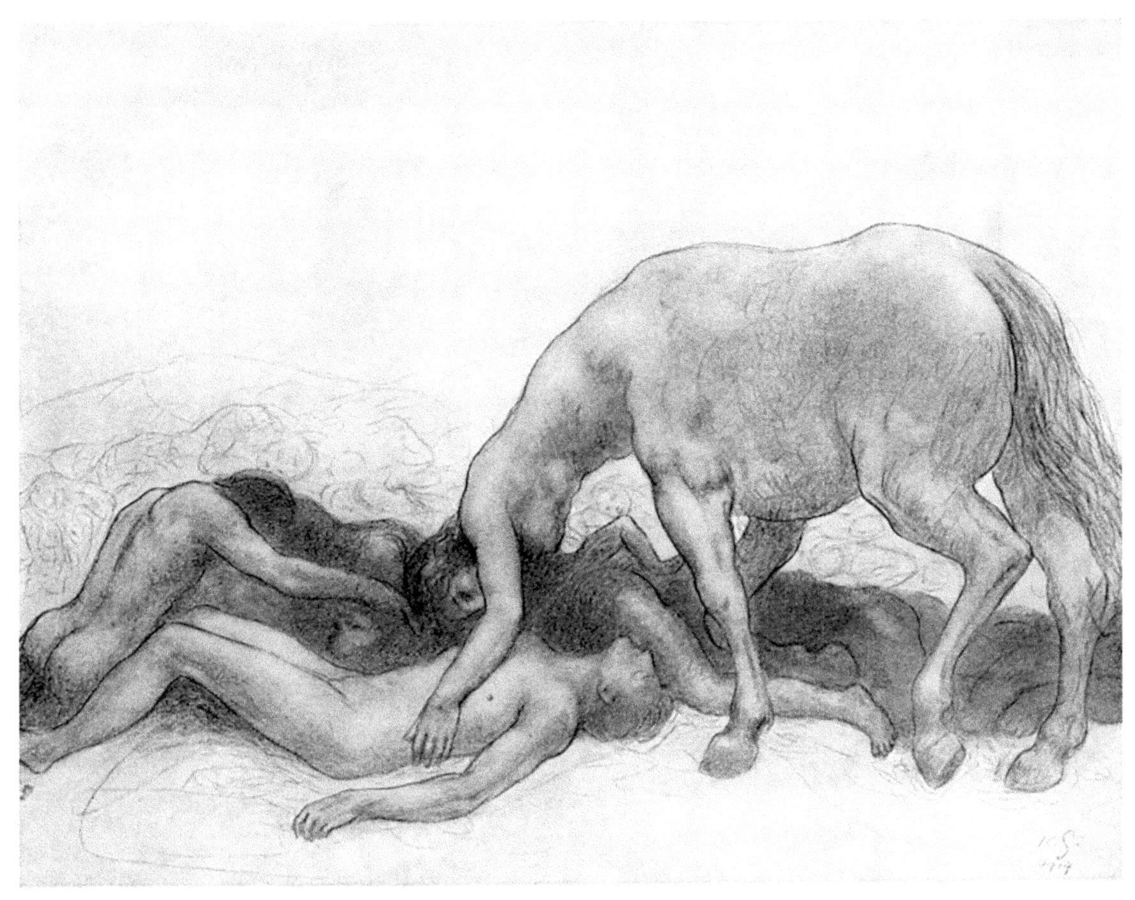

شفقة، Compassion

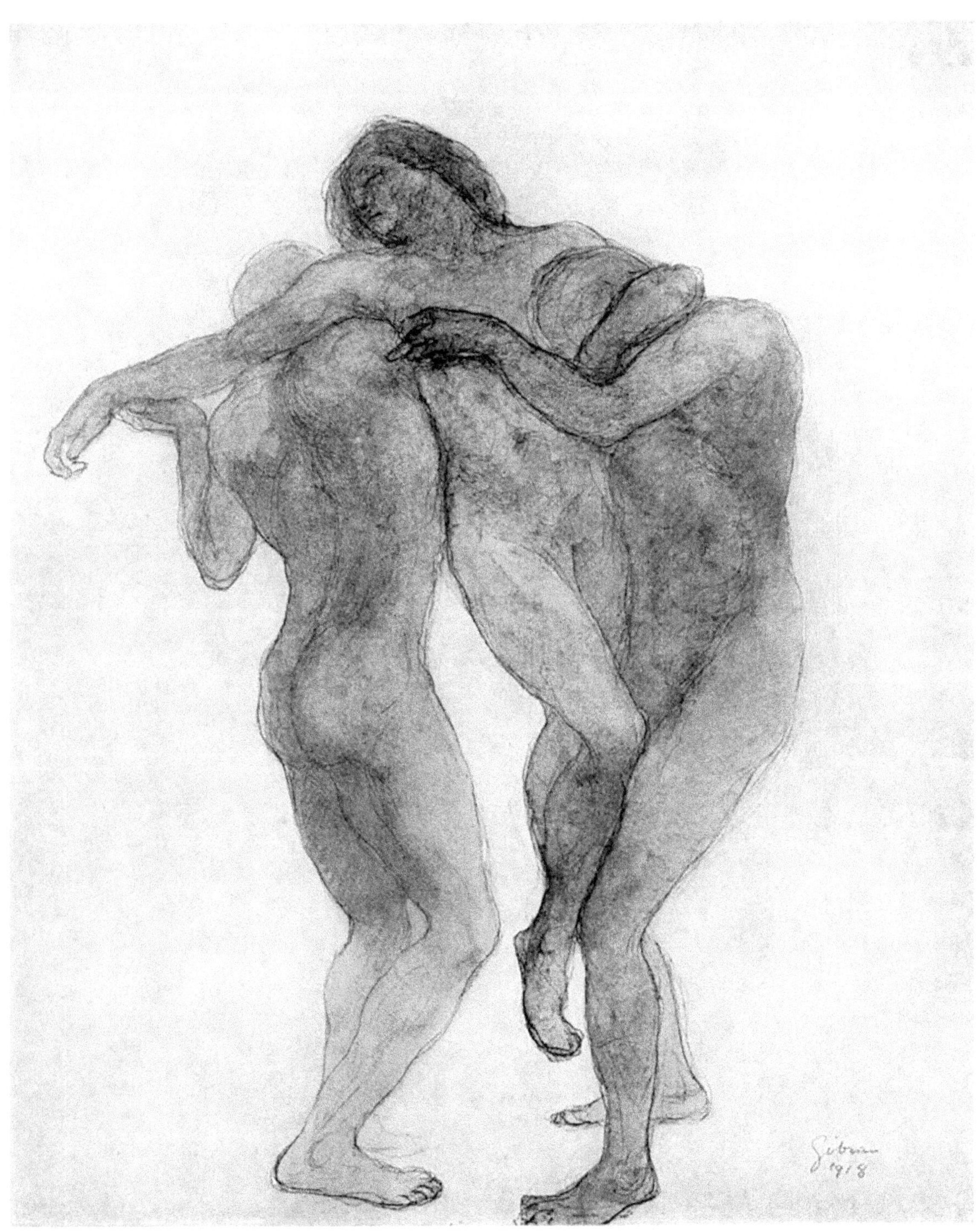

The Triangle، المثلث

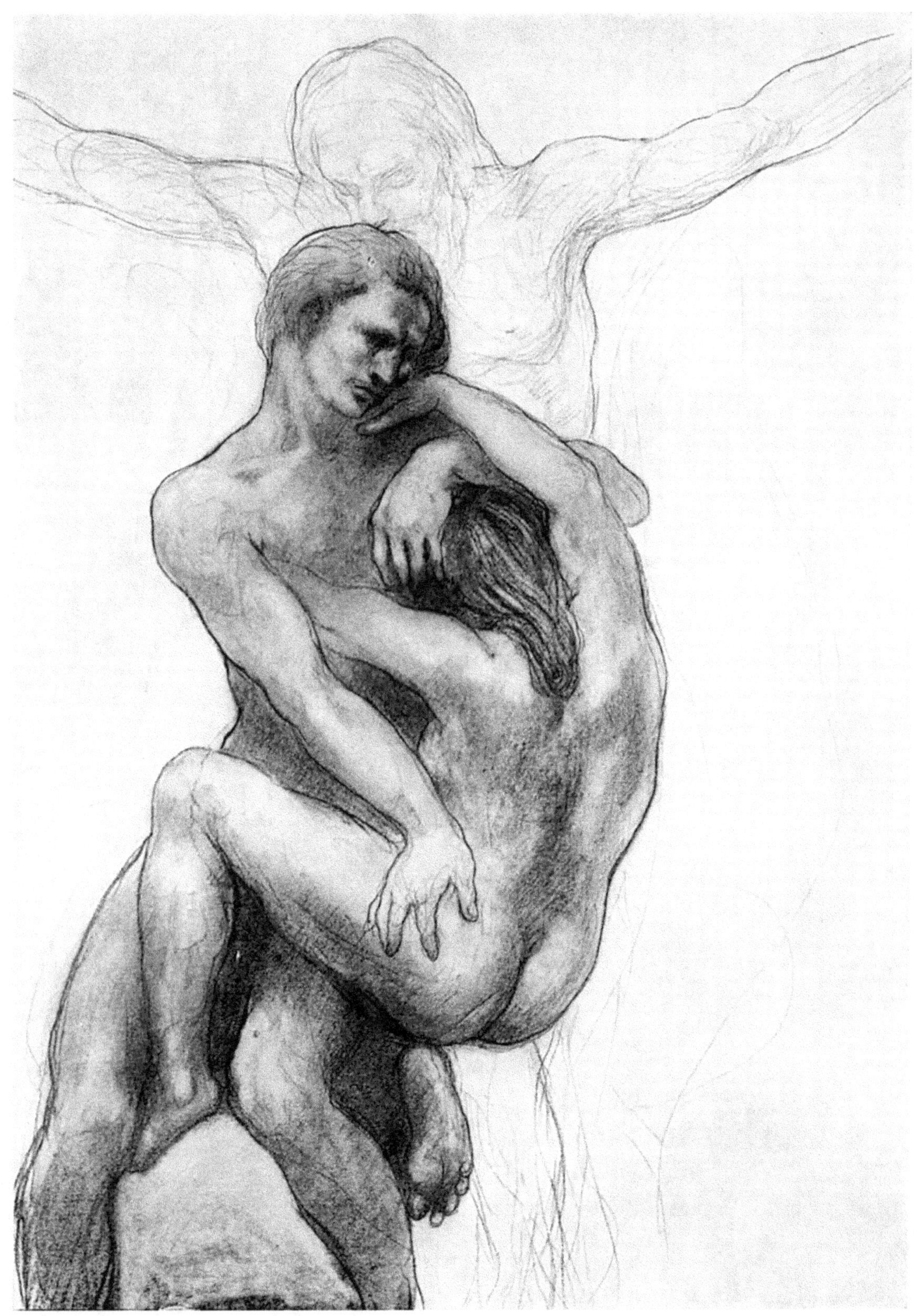

The Struggle، الصراع

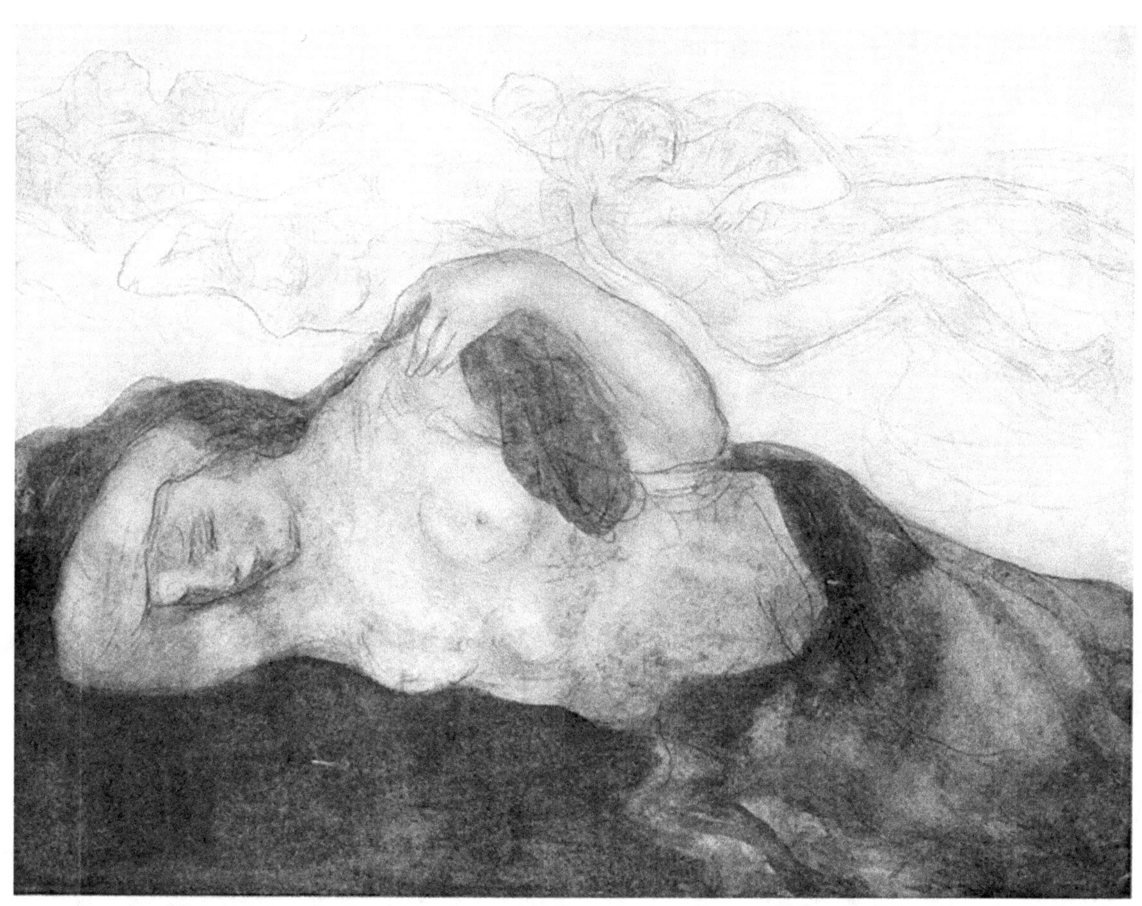

The Great Aloneness، الوحدة العظيمة

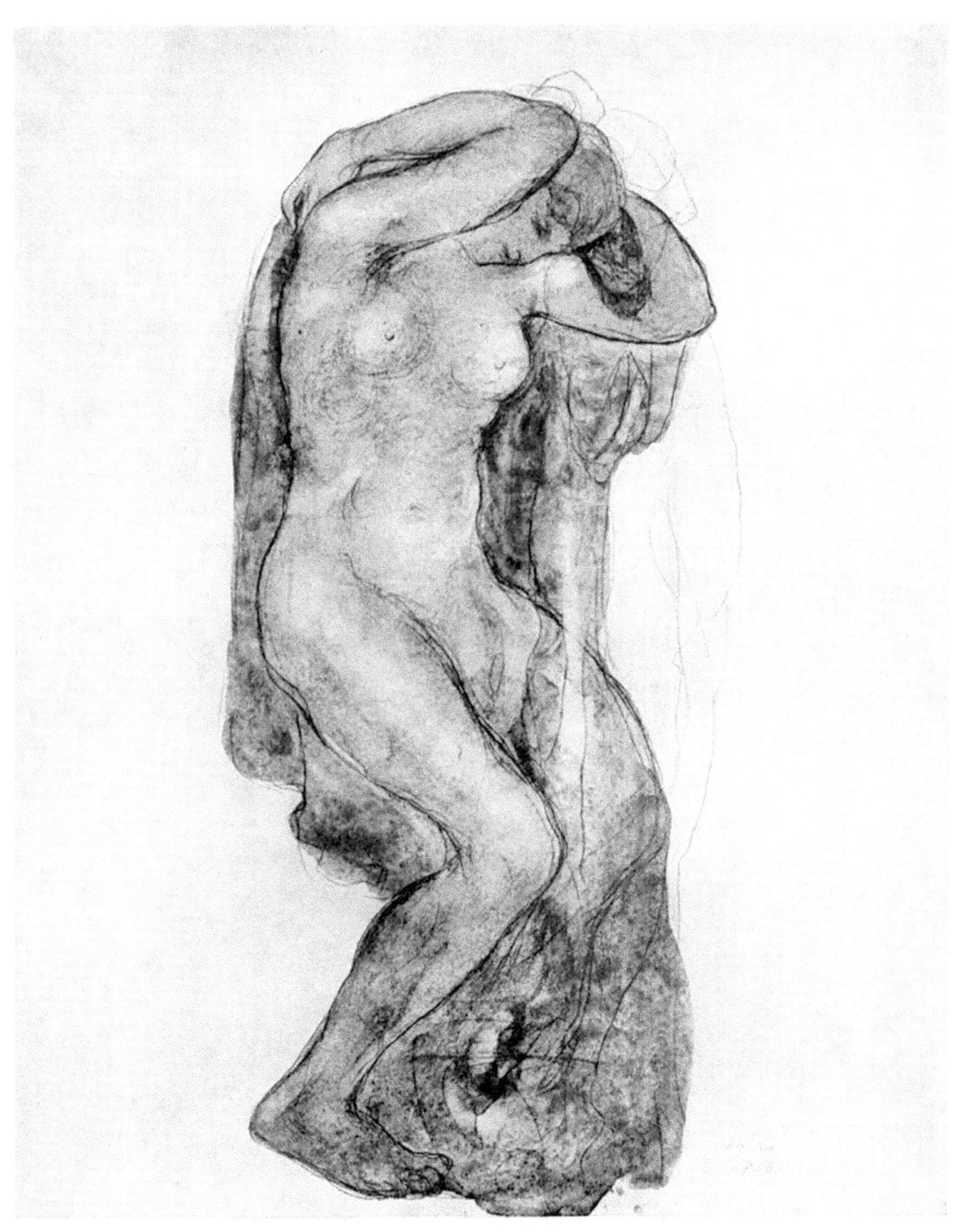

Woman With Garment ،ذات الكساء

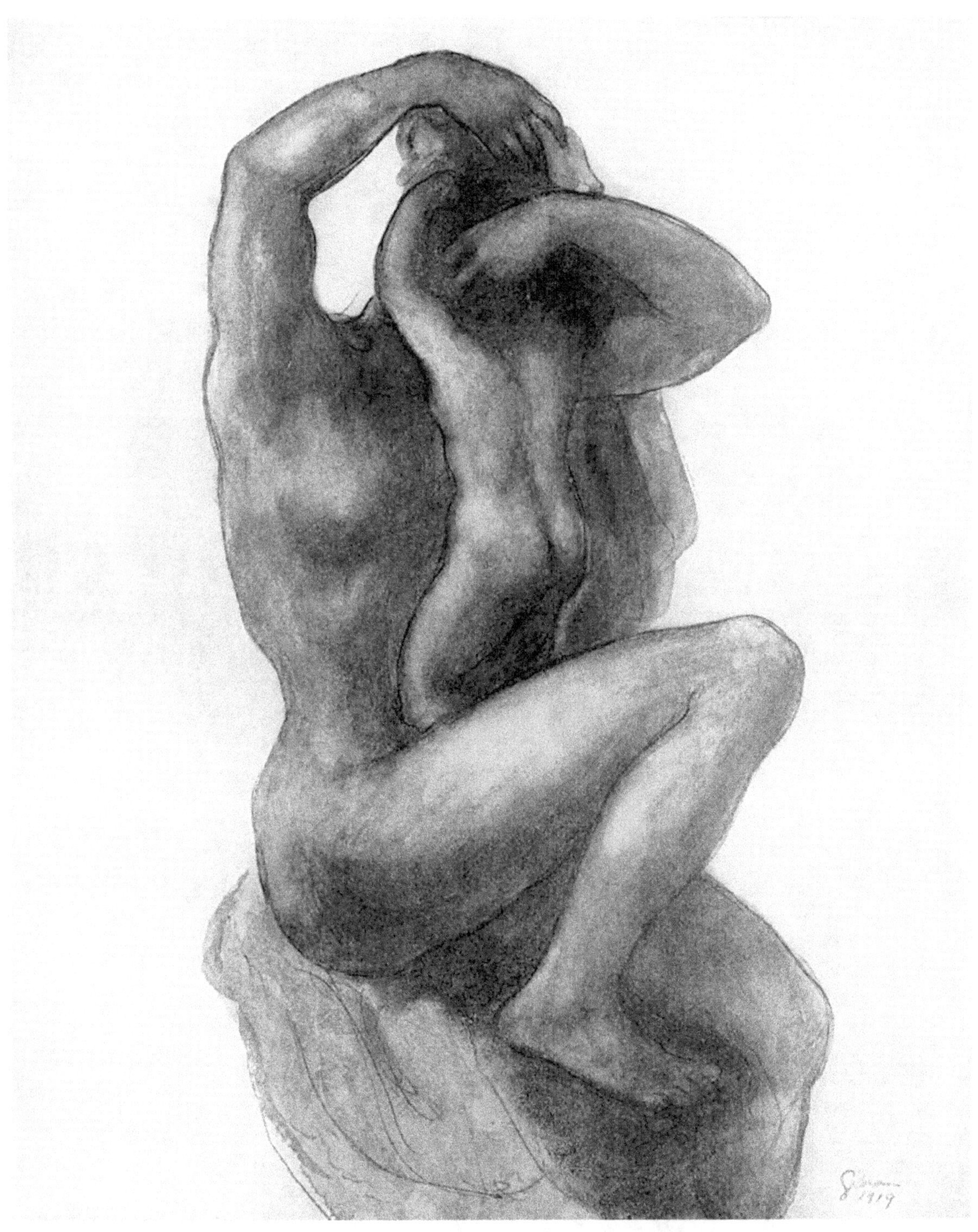

Mother and Child ،أم وطفل

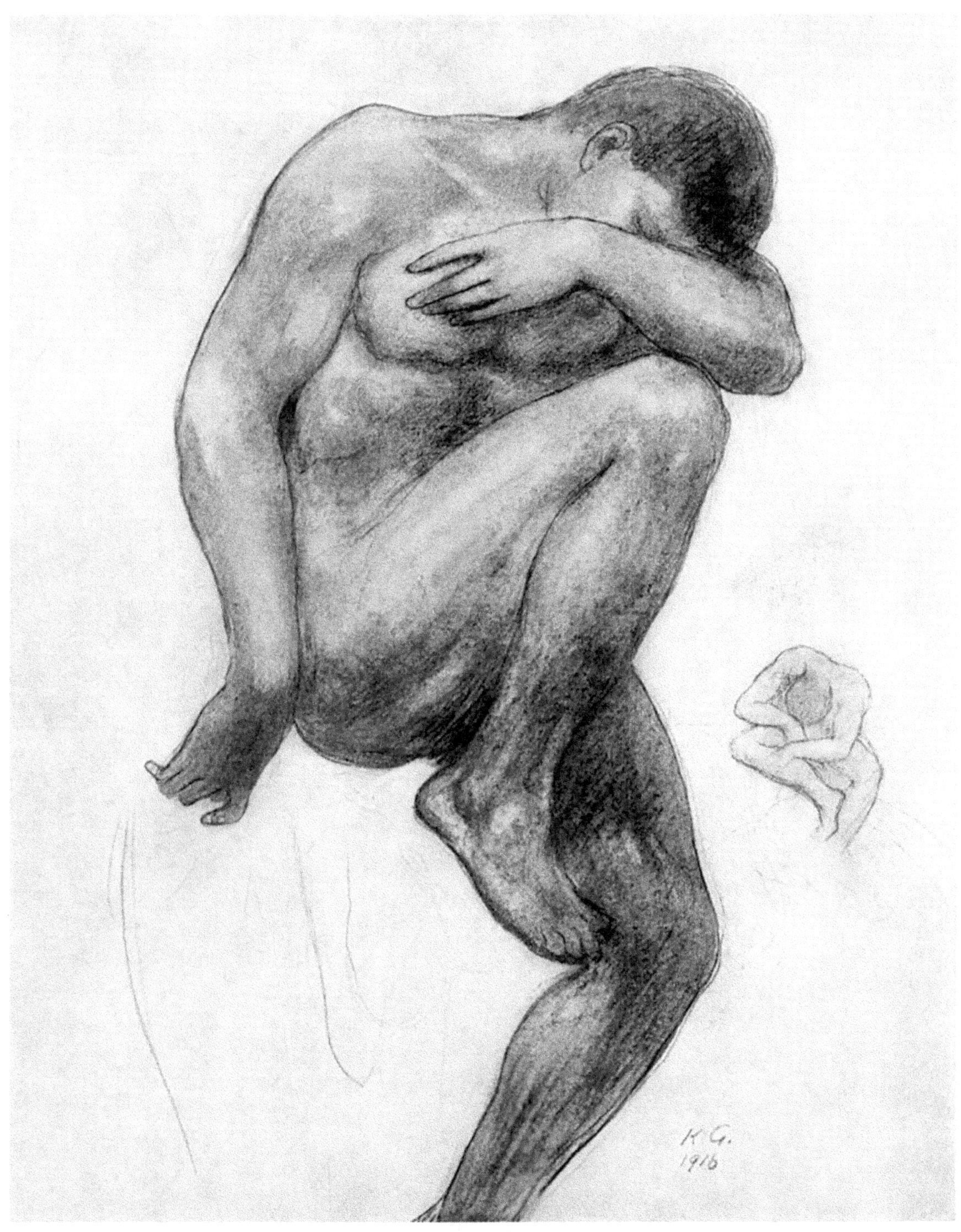

Innermost، الطوية

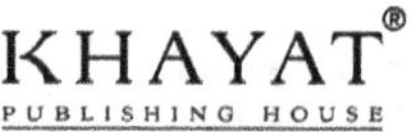